Elogios para *Ha*

Leí *Haga un espacio para la vida* en el asiento del centro de un avión lleno. Para cuando terminé la segunda parte («La solución: Reestructuremos nuestras relaciones y tiempo»), noté que mi ritmo de respiración era más profundo y relajado. *Haga un espacio para la vida* es como el "Espejo de Erised" para la vida y la comunidad. A todos esos agobiados del mundo que nos rodean... presten atención.

JOSEPH R. MYERS,
autor de *The Search to Belong: Rethinking Intimacy, Community and Small Groups*

Haga un espacio para la vida, de Randy Frazee, es el libro apropiado en el momento oportuno para una población agotada, desesperada e insatisfecha. Es un libro de sano consejo práctico de un pastor sabio que conoce las necesidades de las personas. El autor insta a los lectores a unirse a un grupo pequeño de compañeros buscadores, en el que las vidas se pueden disfrutar a un nivel profundo y del descubrimiento transformador de la vida de que Dios está más cerca y nos ama mucho más de lo que quizá imaginemos.

GEORGE GALLUP, hijo,
presidente del Instituto Internacional George H. Gallup

Me entusiasmé mucho al escoger este libro. En un tiempo cuando nuestros agitados programas diarios exprimen con frecuencia la vida, *Haga un espacio para la vida* es una bendición del cielo. Las relaciones y la comunidad son esenciales para una vida saludable, no solo para nosotros, sino también para nuestros hijos. Randy Frazee ofrece una visión de la vida rica en relaciones y significado. Lo mejor de todo es que nos provee de pasos claros para lograr que esta visión sea una realidad. La vida es un don precioso, ¡así que hagámosle espacio!

KEN BLANCHARD,
Coautor de *The One Minute Manager®* y *Servant Leader*

«¡Quiero simplificar mi vida, pero esto es demasiado complicado!» Si se siente así, necesita leer *Haga un espacio para la vida*. Si le parece que nuestro moderno ritmo de vida occidental es inhóspito para el ser humano, si está harto con lo que Randy Frazee llama «la severa fragmentación y discontinuidad del estilo de vida estadounidense», si tiene la secreta sospecha de que las «conveniencias» modernas le están dando más tiempo para gozar menos de la vida, cancele una cita de inmediato y permita que Randy le ayude a descubrir la vida sin dificultad para respirar.

BRIAN MCLAREN,
pastor y autor

Este práctico libro es una palabra oportuna para una cultura compleja. El concepto de Randy de reorganizar nuestro tiempo en una forma que fluya con la creación es poderoso y retador. Le recomiendo mucho que lo lea, ¡si tiene tiempo! ¡Ahí está la clave!

DR. David A. Anderson,
Pastor Bridgeway Community Church

Imagine que en realidad *hacemos* lo que sugiere Randy. [Suspiro] Es dudoso que lo hagamos, ¡pero sería revolucionario!

MARK OESTREICHER,
presidente de Youth Specialities

Randy Frazee ha hecho una contribución significativa a una de las conversaciones más importantes entre los cristianos de hoy: «¿Cómo vivir en armonía con Dios en el contexto de nuestro mundo?».

DOUG PAGITT,
pastor de la iglesia Solomon's Porch

HAGA UN ESPACIO PARA la vida

Cambie los estilos de vidas caóticos por relaciones conectadas

RANDY FRAZEE

Publicado por
Editorial Unilit
Miami, Fl. 33172

Primera edición 2005

Originalmente publicado en inglés con el título:
Making Room for Life
por Zondervan, Grand Rapids, Michigan 49530, U.S.A.

Originally published in the U.S.A. under the title: *Making Room for Life*

Traducción: José L. Martínez
Diseño interior: Beth Shagene

Producto 495377
ISBN 0-7899-1288-0
Impreso en Colombia
Printed in Colombia

A Rozanne,
mi esposa y mejor amiga:
Mi travesía personal para hacerle
espacio a la vida lo ha impulsado
la pasión por pasar más tiempo contigo.

Contenido

Parte 4: Los consejos útiles: Pasos prácticos para hacerle espacio a la vida

Reconocimientos

Fue un gran gozo escribir *Haga un espacio para la vida*. Sin embargo, fue más que un proyecto literario. Se ha convertido en la forma de vida de mi familia y mía. El resultado principal de esta visión es relaciones conectadas: con Dios y con otros. De modo que quiero darle las gracias a mi Dios por relacionarse conmigo por medio de Jesucristo desde hace treinta años. También quiero agradecerle las muchas personas significativas que ha traído a mi vida para animarme y para estar dispuestas a ayudar.

A mi esposa, Rozanne, le dedico este libro. Doy gracias a Dios a diario por mis cuatro hijos: Jennifer, David, Stephen y Austin porque Dios los ha puesto en el espacio conmigo. Hemos experimentado juntos una vida muy rica. Oro pidiendo que nos conceda muchos más años juntos. No puedo olvidar mi relación con los padres de mi esposa: Al y Joan Bitonti, y con mis padres: Ruth Ann y Ralph Frazee, así como nuestros hermanos y sus familias: Don, Teresa, Jo Ann, Mike, Suzanne y Joi.

Mucho de lo que he aprendido sobre hacer un espacio para la vida lo he conseguido con las familias preciosas que viven en mi barrio: Los Ballow, Huffman, Wells, Horton, Lawrence, Sanders, McNulty, Sparks, Zang, Hollandsworth, Vossen y Wade. Quiera Dios que aumente nuestra tribu y se profundicen nuestras relaciones.

A los actuales ancianos de la Iglesia Bíblica de Pantego: Jerry McCullough, Ryall Tune, Ed Frazier, Wayne

Bailey, George Lynch, Gregg Williams, Mike Phifer, Steve Newby y Larry Ivey; han estado a mi lado y han creído en esta visión. El equipo ministerial de la Iglesia Bíblica de Pantego es el que ha transmitido la visión a otros; su tenacidad, visión y ética del trabajo me inspiran. Mi equipo de liderazgo formado por Kevin Walker, Pam Forbes, Ira Orr, Scott Burks y Tom Bulick ha participado en esta visión, además de ayudarme a llevar la carga de hacerlo realidad en la vida del pueblo de Dios que Él nos ha dado para pastorear. Y, por supuesto, a la congregación de la Iglesia Bíblica de Pantego, cuyo espíritu de innovación hizo posible esta experiencia.

Hay ciertas personas que me han apoyado a lo largo de los años que debo mencionar cada vez que soy capaz de lograr algo como esto. Sin ellos, no hubiera llegado muy lejos: Los Reilly, Veigel, Guions, Jones, Hillard, Ashton y Wright. He aprendido mucho de mis consejeros y héroes: Bob Buford, Howard Hendricks, George Gallup hijo, Dallas Willard, Larry Crabb, George Barna.

Haga un espacio para la vida es un libro que ha enrolado a muchas personas que ayudaron a hacerlo realidad. Rozanne, mi esposa, fue una fiel lectora y editora antes de que el manuscrito fuera a Zondervan. Los mejores pensamientos en el libro son suyos. Yo solo recibo el crédito. Este es el tercer libro que Rita Ballow ha mecanografiado y ha cuidado como una gallina cuida de sus polluelos. Rita, aprecio desde lo más profundo que me hayas ayudado durante los últimos quince años. Para María Nutt, mi asistente personal, pido a Dios que siga llenándola de gracia, misericordia, sabiduría y fortaleza al tratar de organizar mi vida y ministerio. Es una tarea imposible, pero de alguna manera lo consigue.

Para todos los colegas de Zondervan: Jack Kuhatscheck, John Raymond, Alicia Mey, Jamie Hinojosa, Jason Pranger, Dick Buursma, Scott Bolinder, Lyn Cryderman, Stan Gundry, va mi aprecio y gratitud por haber creído en mí una vez más y por haberme dado la gran oportunidad de dar a conocer a otros la visión de «hacer un espacio para la vida».

Introducción

Si está leyendo estas palabras, hay una buena posibilidad de que le interese «hacerle un espacio a la vida». ¡Qué gran concepto! Un libro sobre el aspecto más básico de la existencia: ¡VIDA! Con todo lo loco que quizá parezca, la mayoría de las personas que conozco lo necesitan.

¿Qué viene a su mente cuando ve las palabras «haga un espacio para la vida»? Le diré lo que significan para mí y ya me contará si no estamos en el mismo camino.

- Me imagino una vida sin tanta agitación. Parece que siempre vamos de camino a nuestro siguiente lugar, sin llegar nunca en realidad a un destino.
- Me imagino una vida con más dinero o menos gastos. (Sospecho mucho que es con menos gastos).
- Me imagino una vida con menos tiempo en el auto y más tiempo para caminar. ¿Puede esto llegar a ser una realidad?
- Me imagino una vida en la que hay tiempo para trabajar y tiempo para jugar. Me encanta trabajar, pero no quiero que sea lo que predomine. Quiero jugar más, pero me parece que después de todos estos años he olvidado cómo hacerlo.
- Me imagino una vida con menos comidas rápidas en el auto y más comidas en casa con la familia y los amigos. Tragarnos burritos mientras manejamos no puede ser lo que Dios tenía en mente

para nosotros. Hemos perdido al bello arte de disfrutar juntos una comida. Quiero recuperar ese arte.

- Me imagino una vida con menos acumulación y más conversación. Ya tengo demasiados manuales para todos los aparatos electrodomésticos que he comprado. Además, las personas tienen que ser más interesantes que las cosas. No creo que la mayoría de nosotros sepa eso con seguridad.

Mi lista es interminable, y estoy seguro que la suya también. Somos un pueblo avanzado con vastos recursos. Hemos inventado tecnología que nos aporta velocidad y nos ahorra tiempo que no hubiéramos podido entender cien años atrás. Contamos con más ingresos monetarios que nunca antes en la historia, aunque casi siempre lo gastamos todo antes de que nos llegue. Tenemos la libertad de escoger como ningún otro pueblo lo tuvo antes. Con todo esto a nuestro favor, ¿cómo tenemos el sentimiento de que vamos para atrás y que no avanzamos en nuestra búsqueda de la calidad de vida? ¿Y qué podemos hacer en cuanto a eso? Ese es el propósito de este libro. Es para los que dicen: «¡Ya basta!», «¡Estoy harto!», «¡Las cosas tienen que ser diferentes!».

Si esto le describe, va a disfrutar leyendo las siguientes páginas. Comenzaremos revelando el problema. ¿A qué se debe que personas tan sofisticadas se pierdan la esencia de la vida? Una vez diagnosticado el problema, iremos enseguida a buscar soluciones. ¿Cómo reestructuramos nuestras relaciones y tiempos de manera que lleguemos al corazón de la vida? Después enfocaremos nuestra atención en superar los obstáculos que amenazan nuestro éxito. Terminaremos con los cinco capítulos prácticos sobre cómo podemos hacer que esta visión se haga realidad en nuestras vidas.

Al final de cada capítulo le pediremos que escriba sus propias opiniones sobre lo que leyó y después que identifique una o más medidas a considerar mientras personaliza su propia aventura de hacerle un espacio para la vida. Esto es importante por dos razones. En primer lugar, esta es una travesía que comienza con pasos de bebé. No se desaliente por esto. Cada paso que decida dar cosechará grandes recompensas. Los pasos de bebé forjarán el dinamismo y el valor para los pasos que quedan por delante. En segundo lugar, las ideas que se presentan aquí no son una proposición de «todo o nada». Puede haber cosas que no le gusten o que no tengan sentido para usted, dadas sus circunstancias. Adopte lo que tenga sentido y olvídese de lo demás.

Mi corazón se entusiasma al pensar que va a seguir leyendo. Esta ha sido una experiencia rica y emocionante para mi familia y para mí durante los últimos diez años. Estamos más cerca que nunca de la visión descrita arriba. Si bien su lista quizá sea algo diferente, me apasiono por verle progresar. Si tiene oportunidad, dígame sus opiniones (escríbame a la siguiente dirección electrónica: response@makingroomforlife.com).

PARTE

1

EL PROBLEMA:

No le sacamos lo mejor a la vida

En pocas palabras, muchos de nosotros no le sacamos lo mejor a la vida. No tenemos tiempo para empaparnos de la vida ni de amistades profundas. Siempre estamos corriendo de un lado a otro tratando de llegar al siguiente suceso. Esto presenta al menos dos problemas importantes. Primero, nuestros agitados estilos de vida estimulan una enfermedad tóxica llamada soledad en compañía. Sin embargo, hay un problema aun más profundo. Según el diseño original nos crearon con el requerimiento de la conexión. Si no se satisface este requerimiento, moriremos.

CAPÍTULO 1

Soledad en compañía

Enfrentamos demasiados mundos

Piense en el día promedio de una familia típica de clase media estadounidense. La familia se levanta a las seis de la mañana. Cada cual se prepara su desayuno. El papá sale de la casa a las seis y cuarenta y cinco para no quedar atrapado en el tránsito de las siete. Su tiempo en la carretera sin mucho tráfico es de cuarenta y cinco minutos. La mamá y los dos hijos salen por la puerta a las siete y quince (por lo general alguien va un poco malhumorado). La mamá deja a los hijos en la escuela primaria a las siete y cuarenta. Veinte minutos más tarde llega a su centro de trabajo.

A las tres y media de la tarde los hijos terminan la escuela y entran en un programa para después de la escuela. La mamá omite el almuerzo a fin de salir corriendo de la oficina y recoger a los chicos a las cinco. Llega a casa a las cinco y media. Quince minutos más tarde uno de los hijos tiene entrenamiento de béisbol. Pone a los dos hijos en el auto y corre para llegar al campo de prácticas a tiempo. El otro hijo tiene un partido a las ocho. Llama al esposo por el celular mientras lleva al hijo al entrenamiento de béisbol para asegurarse de que él puede recoger al segundo hijo en el campo y llevarlo a su partido para las siete y treinta.

El papá sale de su trabajo a las seis, frustrado en sus esfuerzos por acabar la lista de quehaceres. El tránsito está ahora infernal. Los cuarenta y cinco minutos de la mañana se convierten ahora en una hora y quince minutos. Llega al campo de prácticas a las siete y quince con todas las indicaciones del estrés de la carretera. Besa a su esposa, saluda con la mano a su hijo que está en medio del campo, mete a empujones a su segundo hijo en su vehículo (de unos setecientos dólares al mes) y se dirige al campo de juego que está a quince minutos de distancia. El primer hijo termina su entrenamiento a las siete, y él y la mamá se van para la casa. En el camino paran en un restaurante de comida rápida para la cena. Llegan a las ocho. El chico se entretiene con los juegos electrónicos mientras la mamá revisa el correo postal y el electrónico.

Mientras tanto, el partido de béisbol del segundo hijo comienza un poco tarde y no termina hasta las nueve y cuarenta y cinco de la noche. El papá está todavía con sus ropas de trabajo, pero aprecia ese descanso forzoso a fin de ver jugar a su hijo. En el camino a casa hacen una parada rápida en McDonald's. Llegan a casa a las diez y media. Una vez allí el hijo les dice que no ha terminado de estudiar para el examen de historia que tiene al día siguiente.

Después de cuarenta y cinco minutos de entrar información histórica en la memoria de su hijo, mientras se va tragando una comida llamada «Feliz» de McDonald's, la mamá envía al hijo a la cama. Ya son las once y quince de la noche. Es hora de irse a dormir. Papá y mamá se acuestan bien cansados. Ven un poco la televisión; intercambian unas palabras, la mayoría relacionadas con los asuntos del día siguiente, y entonces apagan la luz. La mamá se duerme en cuanto se apaga la luz. El papá, por otro lado, no. Yace en la cama pensando en todas las cosas que hay que hacer. Sabe que hay que dormir, así que se levanta y se toma una pastilla para dormir. Parece que en los últimos tiempos esa es la única forma de conseguir una buena noche de descanso. Le preocupa un poco, pero no ve otra alternativa. El día de mañana promete más de lo mismo. Las cosas parecen estar un poco apresuradas y fuera de control, pero las siguientes suposiciones frenan a la familia para hacer cambios.

- Todos viven de esta manera.
- Esta es una vida privilegiada que solo se puede mantener con mucho trabajo duro y discrecional dinero.
- Las cosas pronto se calmarán. Esto es solo una temporada de mucha ocupación.

Quizá esto refleje su vida. Es posible que las actividades sean diferentes, pero el movimiento y el ruido son los mismos. El pensamiento inicial es que cuantos más recursos económicos tenga, más probable es que disfrute de una vida relajada y libre de estrés. En realidad, los estudios muestran que con el aumento de recursos se incrementa la complejidad, no en la simplicidad. Si no son cuidadosos, los que tienen más en realidad tienen más para autodestruirse.

Quizá se vea reflejado en el dibujo a continuación. ¿Puede pensar en cuántas veces ha tomado la decisión de hacer algo en cuanto a sus ocupaciones y el estrés en su vida solo para descubrir que

«Paco, tienes que aprender a relajarte».

nada cambia en realidad? El ruido y el movimiento llenan tanto nuestras vidas que no sabemos cómo pararlo con eficacia cuando intentamos tomar unas pequeñas vacaciones. Hay un mal común entre los estadounidenses llamado la «enfermedad de tiempo libre»[1]. Esta enfermedad se manifiesta en varias formas, tales como síntomas semejantes a la gripe, al dolor de cabeza, malestar de garganta y dolores musculares. En esencia, nuestros cuerpos y emociones sufren de tanto estrés durante la semana que nos desmoronamos en las noches y en particular los fines de semana. La única receta para esta fiebre social es un cambio en el estilo de vida.

Soy el pastor de una iglesia grande en una ciudad bien activa, un esposo y el padre de cuatro hijos. Abundan las oportunidades para ingresarme en un centro siquiátrico. Mi lista de tareas incluye: Preparar sermones, dirigir el equipo ministerial, satisfacer las expectativas de los miembros, prestar atención a los cambios constantes que necesitan ser implementados, dedicar tiempo a la familia, prestarle atención individual a cada uno de los hijos, reservar tiempo para mi esposa, hacer ejercicio físico, estar en contacto con el resto de la familia, ayudar con proyectos científicos, asistir a las actividades deportivas de mis hijos, y la lista sigue sin fin. No sé cuántas veces las personas se me han acercado y me han dicho: «Estamos preocupados por usted, lleva demasiada carga». Pienso que he vivido tanto tiempo bajo un estrés extremo que ya he perdido todo sentido de lo que sucedía. Se ha convertido en algo rutinario y normal. Estas situaciones asustan.

Así que el ímpetu para mi búsqueda inicial de relaciones o comunidad no fue la necesidad de preparar sermones ni escribir un libro, sino por necesidad personal de sano juicio. Sabía que no podía obtener relaciones incrementando mi velocidad ni extendiendo mis horas de trabajo. El rey Salomón lo intentó hace tres mil años y descubrió que no da resultados. En ningún modo soy el hombre más inteligente de la tierra, pero soy lo suficiente inteligente como para escuchar al hombre más sabio del mundo.

Necesito algo renovador y profundo. Tengo también un sentido de urgencia. Hace algunos años cuando mi hija se acercaba a los dieciséis años de edad, me di cuenta que ya no me quedaba mucho tiempo con mis hijos, y no pensaba que mi salud se sostendría bajo la presión diaria a la que la sometía de forma voluntaria. Al mismo tiempo no quería que mi vida careciera de significado. No quería jubilarme de la vida y sentarme en mi patio para mirar a los pájaros ir y venir buscando comida. He vivido siempre con un gran sentido de que Dios nos llama, y de que Él tenía algo para que lo llevara a cabo. Aun así, necesito encontrar cierto equilibrio y establecer algunos límites. Es evidente que una buena parte de lo que Dios tiene para mi vida es lo que puedo *llegar a ser* en Cristo, no solo lo que *hago* por Cristo.

Las soluciones a este dilema estaban enraizadas en la Palabra de Dios, junto con el sentido común de los sabios que vivieron antes que yo. Me han rescatado de una vida corriendo en una rueda de hámster, una vida de movimiento sin significado.

El control de sus relaciones

Empecemos juntos nuestro camino conociéndonos algo mejor. Agarre un bolígrafo y una hoja de papel. Ahora examine la siguiente ilustración.

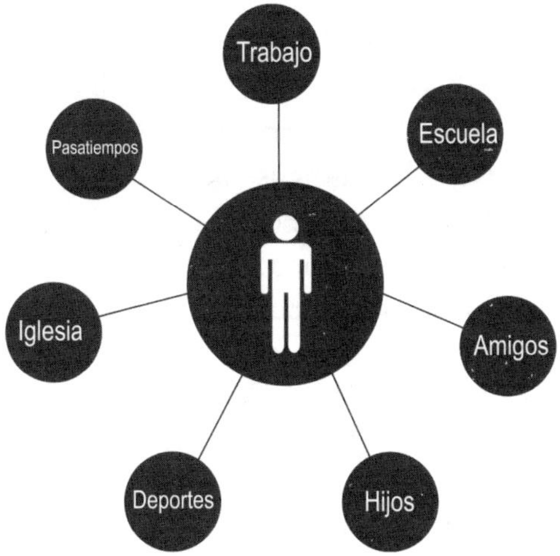

El individuo en el centro representa a una persona que trata de crear más espacio para la vida. Cada uno de los pequeños círculos representa una relación que controlan. Pueden invertir tiempo a diario en una relación en particular o solo unas veces al año. Piense en su vida y en las diversas relaciones que tiene, y trace un círculo para cada una de ellas.

Cuando lo termine, vuelva a cada círculo que trazó y pregúntese: «¿Es esa de verdad una relación de grupo o hay más mundos dentro de cada círculo que se controlan por separado?». Por ejemplo, si tiene más de un hijo, ¿van a la misma escuela? Si no es así, tiene que trazar un círculo separado para cada escuela. Si está casado, ¿trabaja su esposa? Si no trabajan en el mismo lugar, necesita trazar otro círculo que representa esa relación separada. Si tiene hijos, ¿participan en deportes? Si es así, ¿lo hacen en múltiples deportes como fútbol, baloncesto, béisbol, tenis? ¿Y qué me dice de las lecciones de música? ¿Y qué en cuanto a la familia extendida? Ya debe haber trazado un círculo para representar a su familia y otro para representar la de su esposa. ¿Viven en la misma ciudad o están dispersados en diferentes estados? Si viven en diferentes ciudades y estados, necesita trazar un círculo para cada uno de ellos. ¿Están en la situación de una familia combinada? Si existe la custodia en común, necesita dibujar un círculo para cada relación. ¿Y qué me dice de sus pasatiempos? A lo mejor tiene un grupo para jugar al golf o a las cartas. Trace un círculo diferente si no son las mismas personas. ¿Qué me dice de los viejos amigos con los que trata de mantenerse en contacto, amigos de la universidad, amigos que tuvo en otros lugares, etc.?

Si vive en una zona residencial de Estados Unidos, es probable que a esta altura tenga un poco de estrés, pero siga unos pocos minutos más. Considere ahora la iglesia. Si es miembro activo en una iglesia, ¿es de verdad un solo círculo o hay muchos círculos de actividades y relaciones diferentes (comité de misiones, grupos de mujeres, coro, grupos de jóvenes, pequeños grupos, grupo de apoyo, junta de ancianos y cosas parecidas)? El estadounidense promedio de la zona residencial que participa de verdad en la vida de la iglesia puede tener de cuatro a seis círculos diferentes. Si una familia entera participa por completo, puede haber tantos como quince círculos diferentes. Dibuje un círculo por cada actividad o ministerio en el que participan. Antes de terminar de trazar sus círculos, obtenga las opiniones de otros sobre los que quizá pasara por alto. Asegúrese de que tiene un círculo que representa a las personas que les preguntará antes de buscar su consejo.

A continuación, tiene que considerar la línea trazada a cada círculo. Estas líneas representan sus desplazamientos para estar con estas relaciones. Quizá quiera dibujar un objeto al lado de cada línea que represente el medio que emplea en esta relación. Tal vez sean autos, aviones, cartas, correos electrónicos, teléfonos, etc. Anote en cada línea el tiempo aproximado que representa el viaje de ida y vuelta a ese círculo. Por ejemplo, si dedica un promedio de cuarenta y cinco minutos para ir al trabajo, escriba noventa minutos. Le invitaría a que multiplique eso por todo el mes, pero eso solo puede ponerle los nervios de punta.

Ahora consideremos el asunto del viaje de ida y vuelta en auto. Robert Putnam de la Universidad de Harvard, en su éxito de librería, *Bowling Alone*, nos da algunas estadísticas sorprendentes sobre los viajes a diario en los Estados Unidos[2]. ¡Sus estudios muestran que la familia estadounidense promedio participa en trece viajes de ida y vuelta en auto al día! La primera vez que escuché de estas estadísticas, enseguida las deseché porque no eran reales para mi familia. Sin embargo, después de dedicar un rato a calcular lo que hacíamos en un día promedio de trabajo y escuela, descubrí que estábamos dentro de esos parámetros. Para empeorar las cosas, estudios recientes sugieren que ochenta por ciento de los autos en los sistemas de carreteras en ciudades y zonas residenciales de Estados Unidos solo tienen un ocupante: el conductor[3]. Las únicas vías de interacción en dos direcciones son el malsano gesto de la mano cuando te cortan el paso o el teléfono celular.

Robert Putnam sugiere esta fórmula: Por cada diez minutos que pasa en el auto, reduce su capital social disponible [tiempos para las relaciones] en diez por ciento[4]. Si estos cálculos son ciertos, al estudiar el diseño de su mundo social puede llegar a la conclusión de que no solo no tienen ningún capital social disponible al final del día, sino que está metido en una deuda social. Si cree que nos crearon como seres sociales que necesitan una cantidad (y calidad) de interacción con personas cada día para sobrevivir, esto significa que estamos muriendo, no solo de enfermedades físicas, sino también de enfermedad social. Estoy bastante seguro que, cuando los historiadores estudien esta era en que vivimos, una de las señales que mostraremos es de *la muerte de la comunidad.*

Muchas personas se vuelven a la iglesia para resolver sus problemas de soledad y estado de desconexión. Debido a que Cristo comisionó a la iglesia para alcanzar a las personas y formar comunidad, es un lugar apropiado para volverse. La solución principal de la iglesia para la vida de comunidad en los últimos treinta años ha sido los grupos pequeños. Sin duda, el movimiento de los grupos pequeños ha dejado su marca en la sociedad. Los estudios muestran que cuarenta por ciento de los estadounidenses participa en alguna clase de grupos pequeños[5]. Muchos asisten a tales grupos para encontrar un punto de conexión y un mayor sentido de intimidad y pertenencia, a fin de tener un lugar en el que pueden expresar sus temores y sueños. Los testimonios revelan que los grupos pequeños son buenos y de gran ayuda. No obstante, los estudios también muestran que a menudo no dan resultado[6].

Al pensar en el antiguo proverbio chino que dice «el comienzo de la sabiduría es llamar a las cosas por su nombre apropiado», sugiero que vuelva a su galaxia personal y le agregue un círculo a su grupo pequeño (si no lo hizo ya). Ahora póngale un nuevo nombre al grupo pequeño acorde a lo que ve y siente. ¿Qué le parece el nombre «Otro mundo que controlar»? El problema no radica en el concepto de pequeño ni con las personas. El problema está en el *control de su órbita*. La mayoría de las personas confiesan que corren de un mundo a otro separado por completo del grupo pequeño. En otras palabras, las personas en su grupo pequeño no participan en ningún otro mundo que controlan. Muy pocos miembros de grupos pequeños están juntos fuera del día de reunión formal, no porque no lo deseen, sino porque no tienen tiempo. Aunque se procura, hay poca posibilidad de que los miembros del grupo pequeño extiendan sus brazos alrededor de su mundo y de que usted extienda los suyos alrededor del de ellos. Sencillamente sus vidas no se cruzan en ninguna parte excepto en la reunión del grupo pequeño, y quizá para un saludo rápido el domingo por la mañana en el templo. No somos personajes principales en el mundo de los otros.

Si no lo ha hecho ya, termine de dibujar sus mundos, o agregue los nuevos que le vienen a la mente mientras lee. ¿Qué opina sobre lo que ha dibujado? Si es una persona promedio, lo que verá es una imagen de estrés. Dedique tiempo a ponerle el nombre adecuado a su vida. ¿Qué le parece: «Perdido en el espacio», o «Todos saben mi nombre, pero nadie me conoce a mí», o «Habitante de trasbordador espacial»? ¿Le gustaría ponerle a su auto un nuevo nombre tal como «Capullo sobre ruedas» o «Unidad móvil de la penitenciaría»? Si de verdad queremos hacerle espacio a la vida, este es el tipo de enfrentamientos sinceros que debemos tener en nuestros actuales estilos de vida.

Mientras lee las páginas siguientes, determine cómo va a establecer sus opiniones específicas al final de cada capítulo, así como la lista de medidas que le llevarán cada vez más de *simple existencia* a *vida auténtica*. Mi meta y pasión no es la de verle existir en una vida de soledad en compañía, sino la de ofrecerle una visión para una nueva manera de vivir, junto con los pasos prácticos para lograrlo. Las ideas serán fáciles de entender, pero la implementación va a requerir valor. Aunque si es como yo y como muchos otros que conozco, sé que está listo para cambiar.

Mis opiniones sobre este capítulo

Discusión para grupos pequeños

- ❒ Cuando oye las palabras «haga un espacio para la vida», ¿qué significa eso para usted? Si hiciera con éxito más espacio para la vida, ¿qué haría?
- ❒ Muéstrense los dibujos de sus mundos unos a otros.
- ❒ ¿Quién en su grupo posee el mayor número de relaciones? ¿Quién es el que tiene menos? ¿Por qué?
- ❒ ¿Cuántos en su grupo pequeño conocen a las personas en sus otros círculos?
- ❒ Si los miembros de su grupo pequeño fueran a visitar a un individuo o grupo de personas de otro círculo que no conocen, ¿qué quisiera que los miembros de su grupo supieran antes de llegar? ¿Se comporta de forma diferente cuando está en distintos círculos (esto es, habla más, habla menos, sigue al líder, lo respetan, no lo respetan, respeta, desprecia, enojado, feliz, relajado, tenso, orgulloso, tímido, etc.)?
- ❒ Comente sobre el tiempo promedio que usted y su familia pasan en el auto cada día o semana. ¿Se siente satisfecho o insatisfecho con la cantidad de tiempo que pasa en el viaje de ida y vuelta a sus diferentes mundos?
- ❒ Discutan las diferencias entre «soledad» y «soledad en compañía». ¿Con cuál de estas tiende a luchar más?
- ❒ Comenten su principal descubrimiento de este capítulo.
- ❒ Identifique y diga una medida personal que tomará para empezar a darle más espacio a la vida.

- ❒ Ejercicio de edificación de comunidad: Vayan como grupo a un centro comercial local. Observen cuántas personas hay allí, pero cuán poca interacción tienen entre sí. Cuenten el número de personas que están solas. Luego disfruten de un café, un refresco o un helado.

Medidas personales

CAPÍTULO 2

El requerimiento de la conexión

Creados para la comunidad

Si esperamos tener éxito de verdad en darle espacio a la vida, vamos a tener que reconstruir nuestros actuales estilos de vida sobre un nuevo cimiento. No podemos dedicarnos a meter más dinero y esfuerzo en el paradigma de la soledad en compañía. Es agotador controlar un sinnúmero de relaciones lineales desconectadas. Aunque más que cansarnos, esta forma de vida es tóxica. Nos crearon con un requerimiento de conexión, y si esto no se satisface, a la larga moriremos. Si alguna vez nos convencemos de esto, haremos de nuestra búsqueda de una vida conectada una alta prioridad. Esta es, entonces, la meta de este capítulo.

«Nosotros» en oposición a «mí»

Los estadounidenses reverenciamos la individualidad y el consumismo. Esto surge de las enseñanzas de hombres como René Descartes, que popularizó la frase «Pienso, luego existo». Al principio esto parece una benigna y esotérica frase filosófica. Su sentido más básico sugiere que nuestra identidad personal fluye de uno mismo. Después de todo, Whitney Houston cantaba que el amor por uno mismo era «el mayor amor». Sin limitaciones, los estadounidenses han llevado el concepto de identidad personal a un nuevo nivel permitido por la riqueza. En los Estados Unidos, el éxito se define por la siguiente compra. En otros lugares del mundo el éxito se define como una sencilla comida o conversación con familiares y amigos. La acumulación de cosas se añade a nuestra declaración de «valor neto» que nos considera «dignos» en relación con otros que tienen menos. Por lo tanto, perseguimos con pasión la siguiente adquisición en nuestro intento por elevar nuestro valor percibido. Estos son los dos cimientos tan diferentes para edificar una vida que llevan a dos resultados muy distintos. Ahora vivimos por la frase: «Compro / acumulo, luego existo».

En una de sus columnas de «Extraño, pero verdadero» titulada «Venta del "nosotros" en oposición a "mí"», los hermanos Rich y Bill Sones hicieron esta pregunta: «¿En qué se diferencian los anuncios comerciales dirigidos a sociedades individualistas como las de Estados Unidos y Canadá de los que se dirigen a sociedades comunitarias tales como la de Corea?».

> La primera trata de vender EGO y lo que el producto puede hacer por usted, la última vende CONEXIÓN SOCIAL y cómo el producto puede fomentar los sentimientos de pertenencia y armonía [...]
>
> «Sea todo lo que pueda ser. Ingrese en el Ejército» es una apelación clásica en Estados Unidos para el realce del ego individualista. El anuncio de la Toyota «Me encanta lo que hace por mí. Desde mi perspectiva» (el auto aparece de frente y de lado) tiene éxito en Estados Unidos, pero el de «Las mejores relaciones son las que perduran... Calidad Toyota» dan mejores resultados en la Corea comunitaria. Cuando los investigadores Sang-Pil Han y Sharon Shavitt probaron anuncios sobre el chicle en ambas culturas, encontraron que «Disfrute de una experiencia de aliento fresco» surtía buen efecto en una, pero no en la otra; lo mismo sucedía con «Comparte una experiencia de aliento fresco». ¿Se imagina cuál se usó en cada lugar?[7]

Si usted, como la mayoría de las personas que conozco, está harto de un estilo de vida de acumulación, recibe bien una invitación a un estilo de vida de conversación y comunidad. Nuestro anhelo universal por comunidad es una validación en y por sí misma del requerimiento de relaciones. Eso debiera llevarnos a correr a este nuevo lugar.

El reverendo Desmond Tute, ministro anglicano sudafricano, ha acuñado un término que expresa un fundamento más rico para vivir; uno que se edifica en la comunidad y la conversación en contraste con el individualismo y la acumulación. El término es *ubuntu*. La palabra africana para «personas» es *ubuntu* y ha llegado a representar una comunidad teológica que puede expresarse mediante la frase «nosotros somos, luego existo». Esta poderosa frase sugiere que nuestra identidad personal la forma la comunidad[8]. Una de las creencias fundamentales de *ubunto* se puede expresar en el dicho africano *motho ke motho ba batho ba bangwe/umuntu ngumuntu ngabantu*, que significa: «Una persona solo puede ser persona por medio de otros»[9]. En otras palabras, nuestro valor percibido aumenta en proporción a nuestra inversión en la comunidad. Esta enseñanza implica que nos diseñaron con un requerimiento de conexión. Me gustaría sugerir también que esta estructura de creencia está más en armonía con lo que Dios tenía en mente cuando nos creó.

Creados para la conexión

¿Cómo nos crearon? ¿Cuáles son los requerimientos para que vivamos una vida saludable y fructífera? Examinemos con atención el diseño original de la vida humana en Génesis 1—2 a fin de encontrar las respuestas. En el sexto día de la descripción de la creación de los cielos y la tierra y todas las criaturas que viven en su seno, Dios insertó una anotación en su diario de la creación: «Era muy bueno». Esto no debiera sorprendernos dada la amplitud y profundidad de la capacidad divina. En el sexto día, Dios reveló su creación suprema: ¡nosotros! Con la inclusión del ser humano en la ecuación, Dios hace su comentario final en el capítulo 1: «Dios miró todo lo que había hecho, y consideró que era muy bueno». La Trinidad llevó a cabo el principal proyecto de diseño en la historia. Me gustaría mucho ver los diseños empleados para poner en su lugar apropiado el sol, la luna, los planetas y las estrellas.

Cuando llegamos al capítulo 2 de Génesis, el autor entra en grandes detalles del diseño y el propósito de Dios para el hombre. Se nos dice que Dios tomó polvo de la tierra y le dio forma humana. Luego, sopló en su nariz «hálito de vida», y Adán se convirtió en un ser viviente (Génesis 2:7). Se nos dice que Dios le proveyó a Adán un lugar para que morara llamado el jardín del Edén (Génesis 2:8-14). Mientras leemos la descripción de este lugar nos damos cuenta que Adán tenía un hogar que hace que la hacienda de Bill Gates parezca un cobertizo para las herramientas. Se nos dice que a Adán se le dio el trabajo de cuidar el jardín, lo que no debía ser demasiado duro debido a que todavía no se habían creado las malas hierbas (Génesis 3:18). También se nos dice que Adán podía comer hasta satisfacerse de todos los árboles excepto de uno: el árbol del conocimiento del bien y del mal (Génesis 2:16-17). Tremendo trato al tener una sola ley que obedecer. Esto nunca sería tan sencillo de nuevo.

Entonces ocurre lo inesperado en Génesis 2:18. Después de seis anotaciones consecutivas sobre lo buena que eran las cosas, la última incluso sugería que todo el proyecto era muy bueno; no es de esperar que Dios diga que algo no es bueno, pero lo dice: «Dios el SEÑOR dijo: "*No es bueno* que el hombre esté solo"» (Génesis 2:18, énfasis añadido). ¿Qué significa esto?

Si Dios sabía que el hombre no resistiría el aislamiento humano, ¿por qué no realizó esto antes del sexto día? Creo que esta es la manera en que Dios destaca nuestra necesidad por la comunidad. Si Dios hubiera creado a Eva en el sexto día, junto con Adán, podíamos dar por sentada la importancia absoluta de compañía y conversación. Creo que Dios demoró la creación de Eva para apuntar a la meta de que los humanos no se crearon para que estuvieran solos. En otras palabras, *la comunidad es el único cambio en el orden de la creación.* Dios nos dice que diseñó a los humanos para que necesitaran oxígeno para vivir. De igual manera, ¡también nos dice que debemos tener comunidad para vivir! Nos formaron con un requerimiento de conexión.

«Teología de nosotros»

Durante la mayor parte de mi vida cristiana he leído las cartas del Nuevo Testamento como si los autores las hubieran escrito a las personas sobre crecer como individuos en Cristo. Tomé la perspectiva del individualismo y el consumismo estadounidense y lo metí en mi lectura de las Escrituras: «Todo es acerca de mí». Después de comprender mejor que la misión de la iglesia es edificar el cuerpo de Cristo y llevarlo a la madurez, el cual está compuesto de todos nosotros, no solo de mí, veo ahora que estuve perdiendo de vista el propósito de comunidad de la vida.

Tengo un llamamiento como individuo de ser como Cristo en la manera en que vivo. Este llamado tiene el poder del Espíritu de Dios dentro de mí cuando rindo mi vida en obediencia a la Palabra de Dios. Sin embargo, este llamado no debe verse solo, dejando a un lado mi interacción con otros creyentes. Hacer eso sería como elevar su brazo derecho cuando levanta pesas, pero no su brazo izquierdo. Si hace eso, con el tiempo su cuerpo se deformará y se verá extraño. Tenemos que entregarnos juntos a amar a Dios y a amarnos unos a otros. Como un cuerpo unificado, con Cristo como cabeza, tenemos que amar a otros fuera de esta comunidad de fe con la esperanza de que lleguen a experimentar el amor de Cristo por medio de nosotros e incluso se unan a nosotros, debido a que la oferta de Cristo es para todos (Efesios 4:14-16). El protestantismo que guió el cristianismo estadounidense tiende a «protestar» de cosas como comunidad. A menudo nuestra actitud es la de promover un individualismo inquebrantable por encima de comunidad. Cuando abrimos el Nuevo Testamento, con frecuencia lo leemos a la luz de nuestro individualismo, leyendo «mi teología» en lo que está escrito. Sería bueno que examináramos la perspectiva de nuestros hermanos católicos que históricamente han leído la Biblia desde una perspectiva comunitaria conocida a menudo como «teología de nosotros». A nosotros, después de todo, nos *crearon con un requerimiento de conexión.*

Evidencias del requerimiento de la conexión

Si es cierto que Dios nos diseñó con un requerimiento de conexión, podemos muy bien razonar que si alguien se aísla de las relaciones, eso tendría serios efectos negativos sobre su vida. El Instituto Estadounidense del Estrés ha llevado a cabo extensas investigaciones sobre el papel del apoyo social en la salud. Lo que descubrieron es conclusivo, constante y asombroso. Estas palabras se sacaron de esas páginas de sus informes de investigación: «La sabiduría de los siglos, las observaciones ocasionales, las pruebas y los estudios clínicos cuidadosos, los datos epidemiológicos sobre el matrimonio, el divorcio y la muerte, así como sofisticadas pruebas sicológicas y de laboratorio confirman que un apoyo social fuerte es un poderoso antídoto contra el estrés»[10]. Esta concisa declaración nos dice en esencia que no es necesario ser un especialista para inferir que la comunidad es esencial para la vida, pero si usted necesita esta clase de evidencia, se la pueden proveer en abundancia.

Por ejemplo, se llevó a cabo una cuidadosa investigación con doscientos treinta y dos pacientes que se sometieron a operaciones del corazón. De estos pacientes, veintiuno murieron en los siguientes seis meses. Dos datos sobre mortalidad significativos desde el punto de vista estadístico que surgen de estos veintiún casos fueron la «falta de participación en grupos sociales o comunitarios, y la ausencia de fortaleza y consuelo religioso»[11]. La comunidad médica ha considerado la gran relación entre la comunidad y las enfermedades cardiovasculares y ha llegado a la conclusión de que la vida en comunidad reduce la reacción hiperactiva cardiovascular al estrés[12]. Cuando la comunidad tiene una base espiritual, la salud se eleva todavía más. Esta es una evidencia científica de que Dios nos creó con un requerimiento de conexión.

Otro ejemplo nos viene que un reciente informe sueco que demuestra que los hombres de mediana edad que acababan de sufrir niveles elevados de estrés emocional, pero con poco apoyo emocional, eran tres veces más predispuestos a morir en los siguientes siete años que los que contaban con vínculos personales íntimos[13]. Un estudio hecho en California en el que participaron siete mil hombres y mujeres reveló que después de nueve años los que contaban con menos lazos sociales era más probable que murieran que los que disfrutaban de vínculos más fuertes[14]. El Instituto Estadounidense del Estrés cita un informe que indica que la actividad social puede prever la mortalidad del corazón de manera tan contundente como los patrones de colesterol elevado y los lípidos en la sangre[15]. La investigación muestra que el «apoyo social se vincula con altas tasas de mortalidad para ataques de corazón, diabetes, artritis reumática y otros trastornos de la autoinmunidad»[16]. Por último, otro estudio bien documentado muestra que el «aislamiento social contribuye a la enfermedad y la muerte tanto como el fumar»[17]. Así que si siente que debe fumar, por amor del cielo, *¡no lo haga solo!*

En este capítulo aprendimos que nos crearon con un requerimiento de conexión. Después de leer estos dos primeros capítulos, muchas personas asentirán con sus cabezas indicando que están de acuerdo, concluyendo que cuentan con el apoyo social necesario para satisfacer este requerimiento divino. Es más, la mayoría de las personas pueden hasta concluir que tener compañía no es su problema en particular. Tenemos personas a todo nuestro alrededor.

En realidad, sin embargo, es posible que estemos en compañía de otros y aun así nos sintamos aislados. Los especialistas en comunidad llaman a esta clase de aislamiento que experimentan la mayoría de los estadounidenses «soledad en compañía». Es la forma más peligrosa de soledad porque emite un falso aire de comunidad que nos priva de un diagnóstico exacto de nuestro dilema. Nos exponemos a las personas, pero no tenemos relación profunda con ellas. La verdad es que existe un gran abismo entre el diseño original de Dios para las relaciones y la manera en que vivimos nuestras vidas. En los últimos cincuenta a setenta y cinco años, los estadounidenses y personas de otros países industrializados nunca han entendido este requerimiento del diseño o lo han reducido a una amenidad opcional. Debemos cerrar esa brecha o seguiremos luchando, sufriendo y, me atrevería incluso a sugerir, moriremos antes de nuestro tiempo.

Mis opiniones sobre este capítulo

Discusión para grupos pequeños

- ❒ Usen Génesis 2 como evidencia para conversar sobre lo que se dice en este capítulo de que la comunidad es tan importante para sobrevivir como el aire que respiramos. ¿Está de acuerdo o en desacuerdo? Explique su respuesta.
- ❒ Este capítulo sugiere que debemos cambiar de un estilo de vida de acumulación a un estilo de vida de conversación. Describan y discutan estos dos estilos de vida.
- ❒ ¿Qué hace que el estilo de vida de acumulación sea tan atractivo que seguimos persiguiéndole más allá de nuestros medios y del sentido común?
- ❒ ¿Anhelan de verdad las personas la comunidad y la conversación? ¿No lo tenemos porque no queremos o porque no sabemos cómo desarrollarlo? Discutan sus respuestas.
- ❒ ¿Cómo se siente en cuanto a la evidencia de que la condición de la salud física de la persona tiene mucho que ver con su nivel de relaciones y comunidad? ¿Cree que usted y los de su red de relaciones tienen problemas físicos por su falta de relaciones comunitarias?
- ❒ Comenten su principal descubrimiento de este capítulo.
- ❒ Identifique y diga una medida personal que tomará para empezar a darle más espacio a la vida.
- ❒ Ejercicio de edificación de comunidad: Lean juntos la carta a los Efesios desde una perspectiva de «nosotros» en vez de una perspectiva de «mí». Discutan sus observaciones sobre la diferencia.

Medidas personales

PARTE

2

LA SOLUCIÓN:

Reestructuremos nuestras relaciones y nuestro tiempo

La solución de nuestro problema de soledad en compañía involucra una reestructuración de nuestras relaciones y nuestro tiempo. La mayoría de nosotros sabe que hay que hacer algo, pero no sabemos qué hacer. En los siguientes capítulos le presentaré los antiguos principios que dan resultados. Siga leyendo, oh alma cansada. La ayuda está en camino.

CAPÍTULO 3

El secreto del pastor beduino

La solución no es ya de lo mismo

Hace unos años hice mi primer viaje a Israel. Nuestro grupo viajó en un lujoso autobús de turismo de una antigua ciudad a la otra, visitando los maravillosos lugares religiosos y espirituales de la Tierra Santa. Entre las ciudades pasábamos por colinas de desierto seco y caluroso a la derecha y a la izquierda. Parecía que esa era la parte de la Tierra Santa a la que nunca llegaron la leche y la miel. Aunque viajaba en un autobús con aire acondicionado, mi impulso era tomar mi agua embotellada y mi crema de protección solar.

De vez en cuando veíamos en estas colinas las gastadas tiendas de campaña de los pastores beduinos. Recuerdo que movía la cabeza y pensaba en cuán difícil debía serles la vida. Cada uno de mis cuatro hijos tenía su propio cuarto equipado con aparatos que era embarazoso hablar de ellos allí. Al observar las tiendas, me pareció que ninguna tenía una configuración de 4/3/3 (cuatro dormitorios, tres baños y un garaje para tres autos). Recuerdo que estudié sobre los beduinos en el seminario en relación con el joven pastor que encontró los famosos rollos del Mar Muerto en una cueva de la antigua comunidad de Qumrán en 1947. Los rostros en las fotografías de hombres y mujeres en los textos que estudié estaban surcados por profundas arrugas causadas por la excesiva exposición al sol. El abismo entre la forma de vida de los que íbamos en el autobús y la de los pastores beduinos era enorme. Sin duda alguna, me sentí privilegiado.

Entonces el guía árabe-cristiano de nuestra gira turística tomó el micrófono en la parte delantera del autobús y trastornó por completo mi mundo. Dijo: «A su derecha pueden ver la residencia móvil de un pastor beduino y su familia. Una vez que su rebaño se alimentó de la vegetación disponible, la familia recogerá todas sus modestas pertenencias y se trasladarán a un nuevo lugar y así repetirán el ciclo». ¡Siguió diciendo que *el beduino promedio suele vivir más de cien años!* Sin desearlo, pregunté de repente: «¿Cómo puede ser eso?». Abed, el guía, nos informó de un reciente estudio completado por el gobierno de Israel. Sentían mucha curiosidad en cuanto a la longevidad de los beduinos como yo lo estaba y querían llegar hasta el fondo de su secreto, embotellarlo y venderlo con el lodo rico en minerales del Mar Muerto que promete la formación de una piel joven. Al verlos, era evidente que los beduinos no aplicaban el lodo del Mar Muerto a sus rostros, pero hacían algo mucho mejor.

La primera corazonada fue estudiar la dieta de los beduinos. Si bien es cierto que sus comidas incluyen alimentos completos, sin preservativos, sin caramelos y una moderada ingestión de carne, esta no era la principal razón de la longevidad de los beduinos. Abed reveló el secreto: *sin estrés*.

¡Esto tiene mucho sentido! El estrés nos enferma, nos vuelve locos y nos puede matar treinta años antes de que muera un pobre pastor beduino a los cien años de edad. La mayoría de los beduinos no cambiaría su lugar por el nuestro, incluso si tuvieran la oportunidad. ¿Y para qué iban a quererlo? ¿Para llenarse de estrés al correr de un lado a otro sin llegar a ninguna parte?

¿A qué se parece la vida diaria de una familia beduina promedio? La familia sale de sus tiendas poco antes del amanecer con el fin de estar listos para aprovechar las horas de sol. Tienen suficiente luz solar para ver los objetos que tienen delante. A medida que se levanta el sol, cada persona en la familia tiene una tarea que hacer. Algunos cuidan las ovejas, la fuente de ingresos principal del beduino. Otros cosen ropa o preparan las comidas del día. Otros se dedican a remendar con aguja e hilo las tiendas. En varios intervalos, el beduino se acerca al pueblo con el fin de cambiar la lana de sus ovejas por artículos que necesitan como alimentos y materiales.

Tienen que procurar hacer todo su trabajo durante el día antes de la puesta del sol. No tienen luces artificiales para extender las horas de trabajo. Todos regresan a las tiendas: madre, padre, hijos, abuelos, tíos y tías. No hay televisión, ni teléfonos, ni correos electrónicos. Cada noche la familia se reúne para cenar. No tienen prisa. A menudo encienden una hoguera y todos se reúnen a su alrededor. Allí pueden disfrutar de la música y del canto, contar historias antiguas o hablar de las noticias del día. Cada tarde pueden pasar tres o cuatro horas en las que solo están juntos.

Debido a que mucho del trabajo del beduino es físico, no necesitan programar un viaje para ir al gimnasio al otro lado de la ciudad a fin de hacer ejercicio con un entrenador personal. Están cansados al final del día y suelen retirarse a descansar casi siempre a la misma hora cada noche. Cuando el joven pastor beduino se acuesta, todo es paz y tranquilidad a sus alrededor; no tiene que lidiar con el ruido incesante de la ciudad. Mira el firmamento lleno de constelaciones. Los pensamientos sobre el Dios todopoderoso dan vueltas en su mente. Esos serán sus últimos pensamientos mientras se queda dormido. Algunos dicen que el sueño del beduino es profundo y renovador que evade a los «privilegiados» moradores de las urbes.

Aun ahora mientras escribo este capítulo en el día de Navidad, estoy bloqueado en un aeropuerto en Charlotte, Carolina del Norte, tratando de ir con mi familia al otro lado del país desde Tejas hasta Ohio para estar con nuestros familiares allí durante las fiestas. Nos acaban de informar que cancelaron nuestro vuelo. Este es el segundo vuelo cancelado para nosotros en este día. Es muy probable que nos pasemos el resto de este día especial aquí en el aeropuerto.

Entramos en un restaurante en el aeropuerto llamado «Cheers» [Alegría]. Todo el escenario parecía haber salido de una famosa comedia de Boston. Solo había un problema: *Nadie sabía mi nombre.* Estábamos en un lugar extraño, tomamos una cena rápida y no teníamos ni un solo pariente en todo el estado de Carolina del Norte con quien disfrutar la Navidad. Todo esto después de mil ochocientos dólares en pasajes de avión. Tienes que tener de verdad un poco de dinero disponible para arruinar una gran fiesta. Por alguna razón, pienso que el pastor beduino se reiría a carcajadas de mi experiencia navideña.

El beduino no vive la clase de existencia agitada de enfrentarse a los mundos desconectados de relaciones lineales superficiales. Existe una bella simplicidad, unidad y ritmo con la creación que prolonga sus vidas durante treinta años más que las nuestras. No tienen acceso a nuestro dinero ni a nuestras medicinas. No les hace falta. Los beduinos no son el único grupo de personas que ha descubierto esta clase de vida, pero es una vida que elude a los moradores de las zonas urbanas estadounidenses, como si no nos hubieran invitado a la reunión o no nos llegara el memorándum. ¿O no será que lo pasamos por alto?

¿Cuál es el secreto del beduino? El beduino enfoca las *relaciones* y el *tiempo* de una manera diferente por completo a como lo hacemos nosotros. Ese es su secreto. Es una forma de vida que danza con el ritmo de la creación. Es una manera de vivir que se llena de una cierta forma de comunidad. Es una forma de vida que está libre del tipo de estrés que inyectamos en nuestras vidas y que crea toda clase de problemas de salud física y emocional que agota antes de lo que demanda el plan divino.

Esta forma de vida de la que hablo es tan antigua como la vida misma. La encontramos bien establecida en los dos primeros capítulos de la Biblia. Se refuerza por el resto de las Escrituras. Pocas veces se habla con claridad de ella porque era la forma de vida establecida. Las personas nacían en ella y no necesitaban captar nuestra atención. No «sabían que sabían». Nosotros, por otro lado, hemos vivido la mayor parte de nuestra vida «sin saber que no sabíamos».

Mi meta para nosotros es doble: Llegar a «saber que no sabemos» y luego avanzar hasta el punto de que «sabemos que sabemos». Es probable que sea demasiado optimista pensar que nuestra generación pueda alguna vez llegar al nivel de las personas de la Biblia o del pastor beduino, donde «no sabemos que sabemos». No obstante, podemos conseguir esta forma de vida para nosotros y para los que nos rodean si tenemos la visión y el valor.

Note que *este estilo de vida no puede comprarse con dinero.* A decir verdad, el excesivo dinero de muchos estadounidenses puede ser el mayor obstáculo para obtener este estilo de vida libre de estrés. Podemos tener el dinero para comprar la hamaca más fina y exótica del mundo, pero eso no significa que podamos descansar en ella. Vaya usted a saber, si dirigimos a la siguiente generación por el buen camino e intentamos de verdad vivir en comunidad y rechazar la soledad en compañía, ¡quizá a nuestros hijos los llamen de forma legítima los «nuevos beduinos»!

Mis opiniones sobre este capítulo

Discusión para grupos pequeños

- ❒ Si tuviera que aconsejar a un amigo agotado por el estrés, ¿cómo usaría la historia del beduino para animarlo y guiarlo?
- ❒ El estrés nos enferma e incluso amenaza nuestra propia existencia. Discutan ahora sobre los puntos de estrés en sus vidas y agendas. ¿Cree que, si no resuelve estos asuntos, irán en detrimento de su salud? ¿Cuáles son las soluciones eficaces que podría sacar de este capítulo?
- ❒ ¿Qué exigiría de los estadounidenses y de otros en nuestras ciudades modernas producir un cambio? ¿Cree que es probable que esto suceda en su tiempo de vida? ¿Está dispuesto a cambiar incluso si las personas que lo rodean no lo hacen? Discutan algunos pasos prácticos que puedan tomar.
- ❒ Comenten su principal descubrimiento de este capítulo.
- ❒ Identifique y diga una medida personal que tomará para empezar a darle más espacio a la vida.
- ❒ Ejercicio de edificación de comunidad: Vaya a acampar a un parque en el que pueda pasar la noche o solo hágalo en su jardín. Si el tiempo no coopera, abra los sacos de dormir en la sala de la casa. Si tiene hijos pequeños, deje que se vistan como se imaginan que se visten para dormir los hijos de los pastores beduinos.

Medidas personales

CAPÍTULO 4

El círculo de la vida

La reestructuración de nuestras relaciones

La canción de la popular película de dibujos animados de Disney y obra de Broadway *El Rey León* es el «Círculo de la vida». Esta canción describe con exactitud una bella forma de vida para el reino animal y un llamamiento a vivir al ritmo de los círculos de la vida. Existe el ciclo de la vida y de la muerte; existe el ciclo del amanecer y el atardecer. Sin embargo, hay otro círculo de la vida muy importante que tiene que ver con las relaciones y la comunidad. Es un axioma del que no son conscientes la mayoría de los estadounidenses que viven en las zonas residenciales y que violan para su perjuicio físico, emocional, espiritual y relacional.

Lo explicaré. Vaya al capítulo 1 y busque el diagrama de los mundos diferentes que usted y su familia controlan (página 21). No es raro que una familia de cinco personas tenga más de treinta grupos distintos de relaciones que sostener. No hay que ser un especialista para llegar a la conclusión de que esa pauta de vida crea estrés y descontento. Considere por un momento que su diseño representa la vida de alguien que viene a pedirle consejo sobre cómo mejorar su situación. ¿Qué le aconsejaría?

Lo más probable es que use palabras como *dar prioridad, eliminar, simplificar* y *consolidar.* Este sencillo consejo será muy apropiado y estará arraigado en la sabiduría. Los sociólogos usan un lenguaje diferente para decir lo mismo. Nos dicen que necesitamos cambiar una serie de *contactos lineales* por un *círculo de comunidad.* Por ejemplo, los médicos y sociólogos del Instituto Estadounidense del Estrés nos dicen que es posible estar en la compañía de otros y, no obstante, sentirnos todavía solos. ¿Por qué? Porque muchas personas tienen un gran grupo de «amigos», pero en su mayoría son en realidad simples conocidos[18].

El modelo lineal

¿Cuál es la diferencia entre contactos lineales y un círculo de comunidad? Diagrame la teoría de la relación lineal y es probable que se parezca al diseño de su mundo. Hay una relación de algún tipo entre usted y otra persona (una *línea* trazada entre ellos), pero es típico que no participen de la relación con las demás personas en los otros mundos que usted controla (no pertenecen al mismo *círculo*).

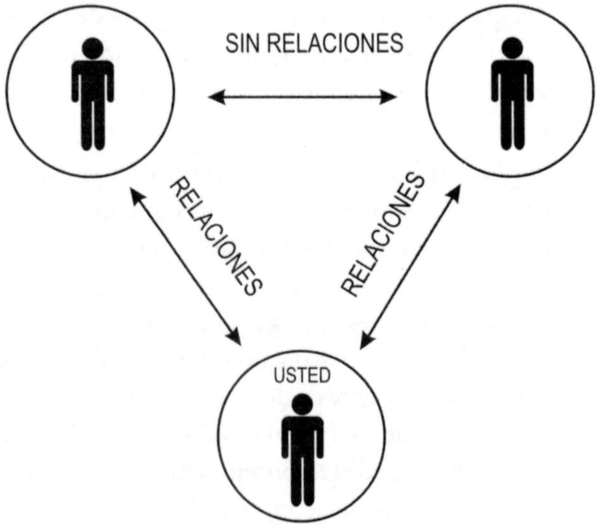

A simple vista, este no parece ser un problema serio. A decir verdad, quizá existan algunas relaciones que se ve obligado a mantener en las que no quiere que participen las demás relaciones. Si bien esa separación les puede ahorrar frustraciones y situaciones embarazosas, a la larga esto tal vez no sea lo mejor para usted.

En el modelo de relaciones lineales corre de una unidad relacional a la otra. Va a trabajar; llama a su padre o hermanos con el teléfono celular; juega al golf los sábados con un grupo de hombres; asiste al juego de fútbol de su hijo; se reúne con su consejero financiero; responde el correo electrónico de un ex compañero de trabajo; va a la iglesia. Al salir de un mundo y entrar en otro, es posible que se mencionen las personas que acaba de dejar, pero en esencia no se relacionan con el presente mundo en ningún sentido significativo.

A fin de captar cuán desconectados quizá estén estos mundos, imagínese invitando a una sola persona de cada uno de estos mundos que maneja a su próxima fiesta de cumpleaños. Esa noche irá a la cama agotado por completo. ¿Por qué? Porque usted es lo único que tienen esas personas en común. Una señora hizo esto hace poco y me confesó que era como mantener girando veinte platos separados mientras iba de un cuarto a otro y de persona a persona, tratando de mantener a todos felices.

El aspecto más perjudicial de estas amistades lineales es que en realidad nadie le conoce de verdad. Esto puede incluir a su cónyuge, pues puede estar excluido del todo de las relaciones significativas que usted controla. Me gustaría ofrecerle esta idea: *Una persona no le conoce en realidad a menos que conozca a la mayoría de las personas en sus otros círculos.* ¿Por qué? Porque lo más importante sobre usted es sus relaciones: Su relación con Dios y sus relaciones con otros. A fin de que la comunidad sea auténtica y fuerte, las personas tienen que participar en esas relaciones con usted.

En los mundos lineales puede que su cónyuge no sepa mucho sobre las personas con que usted trabaja a diario. Es posible que las mujeres de su grupo de estudio bíblico nunca lo vean relacionarse con sus hijos. En las amistades lineales se carece de un grupo que conoce *todo lo relacionado con usted* (sus sueños, temores, esperanzas, circunstancias, singularidades e historia, la historia que se va desarrollando). Cada mundo conoce partes de usted, pero ninguno tiene el cuadro completo. Y no es posible que lo tengan. Las amistades lineales tienen ciertos méritos, tales como un mayor grado de privacidad, la habilidad de salir de una relación sin afectar de forma seria a las otras y menos responsabilidad. Sin embargo, las desventajas superan con creces a los pocos beneficios temporales. Dos terceras partes de las personas que dicen que luchan con el estrés citan la soledad como su mayor problema, aun cuando cientos de personas los rodean a diario[19]. Como mencioné en el capítulo 1, eso es lo que se llama *soledad en compañía*. Al final, el mundo lineal nos deja aislados, incomprendidos, agotados, ansiosos y superficiales.

El círculo de relaciones

Lo que la persona ocupada de nuestro tiempo necesita a fin de generar en su vida un sentido profundo de pertenencia es un *círculo de relaciones*, un grupo de personas de todas las edades y niveles que entran y salen a diario de la vida de cada uno de ellos. Uno de los secretos detrás del éxito de este modelo de comunidad es que las personas no solo les conocen a usted, sino también unas a otras. Se trata de una familia extendida de tíos, abuelos y sobrinos espirituales comprometidos a vivir su fe de una forma sencilla, intencional y radical. Este círculo de amistades puede también incluir a los que no viven por fe en Dios, pero que participan en las experiencias diarias de una persona. Comparten juntos muchas situaciones normales de la vida: Sacar la basura, recoger el correo cuando el otro está fuera de la ciudad, jugar un partido de fútbol o baloncesto en el parque, ver juntos una película, etc., la lista es larga.

Aquí puede ver una sencilla ilustración de un círculo de amigos. En vez del entorno complejo de relaciones aisladas, que promueve la soledad en compañía, tenemos un solo círculo de relaciones donde las personas no solo interactúan con usted, sino también unos con otros. Este enfoque de las relaciones es lo que nos ofrece la mejor oportunidad de satisfacer el requerimiento de conexión del que hablamos en el capítulo 2.

Así que mucha de la riqueza de la vida viene en la travesía al hecho, no en el hecho en sí. Gran parte de las experiencias que endulzan la vida son los pequeños caramelos y bombones que nos llegan cuando menos los esperamos. Lea los Evangelios y descubrirá que muchas de las conversaciones significativas de Jesús con los discípulos tuvieron lugar entre acontecimientos. En los tiempos del Antiguo Testamento, Moisés instruyó a los israelitas de que las lecciones más importantes de la vida las «aprendemos» mejor en las acciones diarias de la vida no cuando nos las «enseñan» en situaciones formales en las clases.

> Escucha, Israel: El SEÑOR nuestro Dios es el único SEÑOR. Ama al SEÑOR tu Dios con todo tu corazón y con toda tu alma y con todas tus fuerzas. Grábate en el corazón estas

palabras que hoy te mando. Incúlcaselas continuamente a tus hijos. Háblales de ellas cuando estés en tu casa y cuando vayas por el camino, cuando te acuestes y cuando te levantes. Átalas a tus manos como un signo; llévalas en tu frente como una marca; escríbelas en los postes de tu casa y en los portones de tus ciudades.

Deuteronomio 6:4-9

Uno de los problemas principales con las amistades lineales en los contextos urbanos de los Estados Unidos es que se eliminan las oportunidades de relaciones en el camino de un sitio a otro. Cada individuo, aislado en un auto, se abre paso hacia el acontecimiento, y de esa manera se pierde mucho. El dicho de Salomón nos ofrece este sabio consejo: «No vayas a la casa de tu hermano cuando tengas un problema. Más vale vecino cercano que hermano distante» (Proverbios 27:10). En el lenguaje actual, Salomón nos dice: «Si estás en dificultades y tienes que ir en el auto para buscar ayuda, tienes más problemas de lo que piensas».

Esta es la visión que aparece en *The Connecting Church*[20], en la que se recomienda que vayamos más allá de ir y venir a sucesos en grupos pequeños en búsqueda de «comunidad inventada» a fin de vivir en un círculo de relaciones con las personas cercanas a nosotros, el lugar en el que de verdad tiene lugar la comunidad. ¿Cómo esto es posible dadas las vidas tan agitadas que vivimos ahora? El consejo que aparece al principio de este capítulo se ajusta aquí. Damos prioridad, eliminamos, simplificamos y consolidamos los mundos lineales que tenemos todo lo mejor que podemos, en la medida de nuestra fe y de nuestro valor para crear un círculo de vida. El doctor Paul Rosch del instituto estadounidense del estrés da en el clavo de este importante concepto cuando pregunta: «¿Cuántos amigos tiene usted?» He aquí sus ideas:

Antes de la revolución agrícola, es probable que las colonias aisladas de pobladores constaran de cien personas. Dado que quizá estos individuos tuvieran bastante interacción diaria íntima, es probable que se desarrollaran varios grados de amistad entre casi todos. Es interesante que algunas autoridades consideran que cien personas están cerca del número máximo de verdaderas amistades que uno puede esperar desarrollar en su tiempo de vida. En la actualidad, algunos habitantes de ciudades pueden entrar en contacto con mil personas en solo un día. Muchos institutos en las grandes ciudades cuentan con cinco mil estudiantes, o cincuenta veces más personas que nuestros antepasados hubieran tratado en toda su vida. Es triste que aunque hoy existen muchas más oportunidades para establecer amistades, es también muy cierto que hay menos tiempo disponible para cultivarlas[21].

Hoy estamos muy expuestos al contacto con otros seres humanos, lo cual solo nos permite relaciones superficiales en el mejor de los casos. Esto tiene muchos efectos negativos en nuestras vidas, incluyendo algunos de los trastornos y fobias modernos. Debido a que estamos inundados con la presencia de personas y contactos superficiales, a menudo no vemos con claridad que necesitamos encuentros profundos con solo cien personas o menos. Piense en las paradas normales para abastecerse de gasolina. Puede tropezarse con al menos diez personas y no tener ningún contacto con ellas en el tiempo que llena el depósito, paga con la tarjeta de crédito y se marcha a sus propios asuntos.

El terapeuta Will Miller, autor de *Refrigerator Rights*[22], observa: «Si habla con un terapeuta hoy, los problemas que tratamos con más frecuencia son trastornos del ánimo: depresión, ansiedad, soledad y distanciamiento social. Con todo lo bendecidos que estamos como estadounidenses, y lo prósperos que somos, padecemos toda esta depresión. Así que, ¿de dónde viene todo esto? Estoy convencido de que está arraigado en la pérdida de «las relaciones de los derechos de refrigerador»[23]. Esta es una manera agradable e inteligente de describir las distintas clases de relaciones. Una persona con derechos de refrigerador es alguien que viene a nuestra casa y se siente cómodo para ir a nuestro refrigerador para prepararse un bocadillo sin nuestro permiso.

Miller argumenta que demasiados estadounidenses sufren de forma mental y emocional porque tienen muy pocas de estas clases de relaciones.

La movilidad es una de las causas principales de un entorno de relaciones superficiales y la ausencia de relaciones profundas. Cada año alrededor de diecisiete por ciento de toda la población de los Estados Unidos se traslada lejos de las personas que conocen o que han empezado a conocer, y eso ha estado sucediendo a este ritmo durante al menos los últimos diez o doce años[24]. La movilidad a menudo la motiva la posibilidad de una carrera más prometedora o el deseo de mejores salarios. La mayoría de las personas no le presta mucha atención al efecto general que estos traslados tienen sobre la salud física, emocional y espiritual de la familia. Este juego es una de las razones clave para este dominio del modelo de relaciones lineales que es tan debilitante.

El reto está en encontrar el lugar central que le permite integrar en un solo círculo tantas relaciones y actividades como sean posibles. ¿Es posible integrar en un solo círculo el mundo del trabajo, la escuela, la familia, la recreación y la iglesia? Para el cristiano, ¿existe un lugar en el que puede colocar en un círculo sus relaciones con los creyentes en Cristo y sus relaciones con los que no creen?

Si bien adoptar este modelo de relaciones puede parecer imposible o aun un poco «soñador»[25], es el asunto apremiante que hay que enfrentar. No podemos seguir negando que nos crearon para vivir en comunidad y que la estructura lineal de la actualidad no cumple con esos requerimientos. Es una falsa comunidad, no una verdadera. Debemos unir los puntos entre nuestra falta de comunidad y la decadencia de nuestra salud. Jacqueline Olds, profesora en la Escuela de Medicina de Harvard, nos hace esta observación pertinente:

> Estados Unidos padece de una epidemia de soledad, y esa soledad está minando nuestra salud. Nuestra aparente obsesión con los más íntimos detalles de la vida de los extraños, como se evidencia por el aumento de los programas de televisión de

> «cuéntalo todo», es otra manifestación de nuestro aislamiento. Cuando carece de un círculo de personas que le conocen bien, chismorrear acerca de los extraños es una manera de llenar el vacío. Aun así, no es muy interesante[26].

Después de años de buscar a pleno tiempo el santo grial de la comunidad, no he encontrado nada tan convincente como el vecindario. El vecindario o la comunidad basada en el lugar es lo que nos permite atraer al mayor número de personas dentro de un círculo: nuestro cónyuge, hijos, otros cristianos, a los que no creen en Cristo ni le siguen, ancianos, jóvenes, amistades para actividades de recreo o afinidad (por ejemplo, jugar al golf, intereses de vacaciones, caza, lectura en grupos, entusiastas a los espectáculos de perros) y amigos de la escuela. Con un poco de intencionalidad pueden también contener muchas de las actividades a las que vamos y venimos en la actualidad: grupos pequeños, recreación, ayuda colectiva con los autos, proyectos de ayuda a los necesitados y otros muchos. Más importante aun, la comunidad del vecindario nos permite estacionar nuestros autos y ver a las personas entre las distintas actividades y sucesos diarios. En estos encuentros frecuentes y espontáneos es donde se experimenta mucha de la riqueza de la vida. Aparte del vecindario, esta clase de experiencias no está al alcance de nosotros hoy si no las planeamos con tiempo.

El poder de la comunidad basada en el lugar está en que crea el círculo más tangible de relaciones: el lugar en el que todos los de diversas edades y trasfondos te conocen y también se conocen entre sí. Aunque la estructura del vecindario es urbana y muy lejos de las que se desarrollaron durante siglos en los pueblos pequeños alrededor del mundo, en las que también aparecían incluidos dentro del mismo círculo los centros de trabajo y el mercado, es todavía el mejor «lugar central» que conozco para facilitar la comunidad.

Cuando terminó la Segunda Guerra Mundial, el Instituto Tecnológico de Massachussets convirtió una serie de antiguas barracas militares en pequeños apartamentos para los ex soldados que estudiaban en la universidad. En ese tiempo, los investigadores Leon Festinger, Stanley Schachter y Kurt Back estudiaban las atracciones y aficiones, y vieron estos apartamentos como una clase de laboratorio para estudiar la formación de amistades. Después que los estudiantes vivieran en los apartamentos por un par de meses, los investigadores les hicieron preguntas sobre cómo y con quién habían hecho amistad, incluyendo ciertas cosas que podían tener en común, tales como en qué rama de las Fuerzas Armadas sirvieron, pasatiempos, su campo de estudio en la universidad, su pueblo natal y así por el estilo.

Los investigadores descubrieron que las amistades no se basaban en ninguno de estos posibles atributos comunes; sino que más bien el elemento principal era la *proximidad*, lo cerca que vivían unas de otras. Cuarenta y un por ciento de los amigos eran vecinos contiguos unos de otros, veintidós por ciento vivía a dos puertas, y solo diez por ciento de los amigos vivía en el lado opuesto de los apartamentos. A este hallazgo le llamaron «el efecto de la proximidad»[27].

Esta no es una idea nueva, sino una que ha pasado la prueba del tiempo a lo largo de los siglos. Los que vivimos en las zonas urbanas nos hemos perdido en el camino a causa de todos los estupendos artilugios que nuestras mentes y dinero han sido capaces de crear, cosas que nos empujan de aquí para allá y nos aíslan de los demás (casas en zonas residenciales, el oasis del patio, deportes selectos, televisión a satélite, aire acondicionado y muchísimas cosas más). Sin embargo, hay indicios de que esto está cambiando. Según el Instituto de Investigación de las Tendencias en Rochester, Nueva York, los estadounidenses comienzan a salir del «capullo» donde se metieron en las zonas residenciales y regresan a una vida relacionada[28].

Hagamos un intento inicial para ver si esto le da resultados a usted. Tome una hoja de papel y trace un solo círculo. De forma ideal, este círculo tendría un radio de kilómetro y medio desde el centro que es su casa. Ahora vaya de nuevo al dibujo que trazó en el capítulo 1 y vea cuántas relaciones y funciones puede consolidar dentro de este nuevo círculo. Al principio le parecerá imposible porque quizá no conozca a nadie en su vecindario o edificio de apartamentos. ¿Y si lo consigue? ¿Qué le parece si decide estacionar el auto y conocer el vecindario? ¿Qué pasaría si decide participar en sus aficiones con otros del vecindario que disfruten de los mismos entretenimientos? ¿Qué si sus hijos se concentran en jugar con los niños del vecindario, pues después de todo es probable que vayan a la misma escuela? ¿Y si empieza a compartir el auto con otros para ir a las actividades deportivas de los hijos? ¿Qué le parece si invita a los que ya tienen el nido vacío a ir a un partido de fútbol de la escuela un viernes por la noche? ¿Qué tal si disfruta de una cena a la semana con otra familia del vecindario?

¿No le gustaría organizar una noche de juegos en su vecindario? Una noche para disfrutar partidos de baloncesto o béisbol ¿Qué le parece formar un grupo pequeño con sus vecinos para estudiar la Biblia? ¿Y si su grupo pequeño se anima a ayudar a las personas necesitadas que le rodean o visitan el hogar de ancianos una vez al mes? ¿Qué tal si disfrutan de unos días de vacaciones o de ir de camping con otra familia del vecindario? ¿Qué si planean un día de celebración de la fiesta nacional para todos en el parque del barrio? ¿Qué le parece dar pequeños paseos por el vecindario con todos los interesados? ¿Qué me dice acerca de hablar de Dios, la Biblia y la fe con los del vecindario que ya usted y su familia están conectados? ¿Qué le parece disfrutar de una pequeña conversación cuando se encuentra con un vecino al sacar la basura o recoger el correo? Las posibilidades son ilimitadas.

He aquí algunas buenas noticias: Esta es una descripción de un *círculo de relaciones* y satisface los requerimientos de contactos humanos y elimina la soledad en compañía. Quizá me diga: *«No tengo tiempo para eso»*. No se desanime. En el siguiente capítulo hablaremos de una nueva y sencilla visión a fin de hacer tiempo para las relaciones.

Tenemos que encontrar el camino de regreso al círculo de relaciones. Jesús dijo que uno no puede echar «vino nuevo en odres viejos» (Mateo 9:17). Entonces, ¿es posible echar vino viejo en odres nuevos del siglo veintiuno? No solo creo que podemos, ¡si no que *debemos* hacerlo! Muchas personas de mucho éxito son como el viejo Adán. Se les ve acomodados en lugares bellos y sin ninguna preocupación en cuanto a lo material, pero están inquietos hasta lo más profundo en su interior. Sufren de aislamiento y soledad. El diseño superior es tener un círculo de amigos en el que las personas no solo se conecten con usted, sino también unas con otras. Este jardín de relaciones brinda un terreno rico donde las raíces pueden crecer profundas. Si las plantamos como es debido, el principio de comunidad circular puede simplificar mucho nuestra vida así como también agregar gran significado al disfrutar cada miembro del oxígeno de comunidad que Dios desea para nosotros. El aire de las relaciones lineales está disponible, pero es tóxico y perjudicial. Puede darnos la sensación de que nos sostiene en las relaciones, pero poco a poco nos va envenenando.

¿Cuáles son los pasos prácticos para la creación de círculos de las líneas rectas? Me entusiasma pensar en las palabras que va a leer en los siguientes capítulos. Le ofrezco la esperanza de un «círculo de vida» que le libere de la soledad en compañía. Usando las palabras del cerdo y la hiena en *El Rey León*: Le deseo *hakuna matata* («sin preocupaciones»), una reducción del estrés y de la ansiedad.

Mis opiniones sobre este capítulo

Discusión para grupos pequeños

- ❐ Discutan la diferencia entre los contactos lineales y un círculo de comunidad. ¿Por qué es más recomendable un círculo de comunidad antes que los contactos lineales?

- ❐ Pregunte a cada miembro del grupo cuántas veces se han mudado de residencia en los últimos diez años. ¿Cómo se compara el grupo contra el promedio nacional? Hablen sobre las razones para mudarse y qué consideran que ganaron y perdieron.

- ❐ ¿Cuál sería para usted lo más difícil en la consolidación de sus mundos? Pida a los del grupo que aporten ideas para la posible solución de estos obstáculos.

- ❐ ¿Cuántas personas con las que mantiene relaciones le han concedido los «derechos de refrigerador»? ¿Es esto una invasión a la privacidad o una expresión de intimidad?

- ❐ ¿Qué piensa acerca de la sugerencia de que el vecindario es el mejor «lugar central» para la comunidad? ¿Qué cambiaría de forma positiva o negativa si todos los miembros del grupo pequeño vivieran a distancias cortas unos de otros?

- ❐ Comenten su principal descubrimiento de este capítulo.

- ❐ Identifique y diga una medida personal que tomará para empezar a darle más espacio a la vida.

- ❐ Ejercicio de edificación de comunidad:

  Primera idea: Reclute a un voluntario del grupo que esté dispuesto a intentar consolidar sus mundos dentro de círculos menores. Trabajen juntos en la tarea.

Segunda idea: Pídale a cada miembro del grupo que consolide uno de sus círculos entre ahora y la siguiente reunión del grupo. En esa próxima reunión discutan cómo les fue.

Medidas personales

CAPÍTULO 5

Planificación hebrea del día

La reestructuración de nuestro tiempo

La manía moderna de los últimos veinte años es la planificación del día. Con el incremento de la tecnología contamos con un asistente personal digital (PDA por sus siglas en inglés) del tamaño de la palma de la mano, que no usa papel para nada, con acceso a la Internet. Con estos aparatos electrónicos o manuales podemos planificar por completo nuestras vidas. Anotamos las citas y les seguimos la pista a los aniversarios y cumpleaños. Con estos planificadores tecnológicos se puede olvidar de las listas en un cuaderno de notas y todo lo que le haya quedado por hacer lo puede pasar de inmediato al día siguiente o al otro hasta que logra hacerlo y lo elimina de la lista. Los mejores gurús de la planificación le animan incluso a programar el tiempo y las citas de tal manera que obtenga sus metas personales. Eso sí que es una mejora.

Me gusta la planificación del día y esas ayudas electrónicas, aunque no las uso. No creo que resulten dada la clase de vida que llevamos. Si el principio de la sabiduría es llamar a las cosas por su nombre adecuado, no creo que sea lo mejor llamarle a eso la planificación de un día. Quizá podríamos llamarle un «caos planificado». Si conectamos la popularidad de la planificación diaria con los descubrimientos que hemos hecho en los cuatro primeros capítulos, podríamos llamar a dicha planificación un «Almanaque para el manejo de mundos lineales». La planificación del día es un recurso que nos ayuda a controlar nuestras salidas de un mundo de personas y proyectos a fin de entrar a otro mundo de personas y proyectos dentro del mismo día. Para el estadounidense promedio, este recurso puede ayudarle a manejar las entradas y salidas de cinco o seis galaxias relacionales. Si es mamá o papá con hijos activos, la planificación del día le ayuda a llevar al hijo que corresponde al lugar apropiado, en el momento oportuno y con el conductor adecuado, pero también le promete mantenerlo atrapado es esa isla de relaciones aisladas en alguna parte de la ciudad. ¿No es esa una situación preocupante?

Si quiere disfrutar de una vida más saludable, prolongada y significativa, la planificación del día no es la solución. A través de la historia, las personas no le han sacado mucho beneficio. Sin duda, la madre beduina no usa un planificador del día. ¿Se la imagina haciéndolo?

«¡Eh, familia, escuchen todos! Antes de salir al campo a cuidar las ovejas, recuerden que tengo la cena anotada en mi planificación del día para las seis en punto de la tarde».

El hijo adolescente que ayuda como pastor respondería enseguida: «Mamá, ¿para que necesitas poner eso es ese aparato? Nosotros siempre tenemos la cena a la misma hora todos los días y nunca fallamos».

La mamá de hoy se rasca la cabeza. Ese no es el mundo en el que se mueve. No es capaz de imaginarse que su precioso pastorcillo no tenga prácticas de tirar con la honda después de la escuela o que no haya que llevarle y luego recogerle de una fiesta de cumpleaños con un pastorcillo amigo tres colinas más allá.

Si bien es cierto que podemos usar una planificación del día para administrar mejor nuestra vida, lo que necesitamos ante todo en nuestras avanzadas culturas es algo más básico. La mayoría de las personas tienen una pauta de vida diaria y semanal desequilibrada y que no es sostenible a la larga. En los capítulos anteriores sugerí que si continuamos viviendo de esta forma, moriremos antes de lo que corresponde. No solo no satisfacemos el requerimiento de relaciones que Dios puso en nosotros, sino también me he atrevido a sugerir que la forma en que planeamos nuestras vidas es el primer obstáculo para cumplir con este requerimiento.

Me gustaría recomendarle un concepto antiguo que puede ser nuevo para usted. Lo llamo la «Planificación hebrea del tiempo». Este concepto está enraizado en la teología de la creación de Génesis 1—2. Tiene su origen en el diseño que el Creador concibió para nosotros como humanos, sobre cómo debiéramos funcionar. En esos dos capítulos de las Escrituras encontramos la estructura básica para una forma de vida de relaciones conectadas. El pueblo hebreo vivía a tono por completo con estos principios. Esa era la primera historia que tenían que enseñarles a sus hijos sentados alrededor de la hoguera.

La premisa básica de la planificación hebrea del día es que Dios nos creó en el sexto día de la creación para funcionar en armonía y al ritmo de todo lo que se creó en los primeros cinco días. En el primer día Dios creó la luz y las tinieblas.

> Y dijo Dios: «¡Que exista la luz!» Y la luz llegó a existir. Dios consideró que la luz era buena y la separó de las tinieblas. A la luz la llamó «día», y a las tinieblas, «noche». Y vino la noche, y llegó la mañana: ese fue el primer día.
>
> Génesis 1:3-5

En el cuarto día llenó el día y la noche con objetos que gobernarían el tiempo del día, el comienzo y el fin de las estaciones y el calendario anual; en otras palabras, un maravilloso reloj de pulsera Rolex.

> Y dijo Dios: «¡Que haya luces en el firmamento que separen el día de la noche; que sirvan como señales de las estaciones, de los días y de los años, y que brillen en el firmamento para iluminar la tierra!» Y sucedió así. Dios hizo los dos grandes astros: el astro mayor para gobernar el día, y el menor para gobernar la noche. También hizo las estrellas. Dios colocó en el firmamento los astros para alumbrar la tierra. Los hizo para gobernar el día y la noche, y para separar la luz de las tinieblas. Y Dios consideró que esto era bueno. Y vino la noche, y llegó la mañana: ese fue el cuarto día.
>
> Génesis 1:14-19

En el sexto y último día de la creación Dios hizo a los humanos (Génesis 1:26-27). Ahora bien, conectemos los puntos. ¿Cree que Dios nos diseñó para funcionar en armonía con la creación? De forma más específica, ¿piensa que el *reloj divino* de la noche y del día tiene algo que ver con nuestras vidas? Creo que la respuesta es de manera inequívoca *sí*. También creo que la evidencia refuerza esa conclusión.

Al examinar la pauta del día hebreo, vemos que el pueblo de Dios había seguido el modelo de la teología de la creación. En el círculo más abajo vemos que Dios dividió las veinticuatro horas del día en dos partes: Día y noche.

Para los antiguos hebreos, hay una línea de plomada divina que gobierna las pautas del día: seis de la mañana (salida del sol) y seis de la tarde (puesta del sol). Es curioso que para el hebreo el día empieza el «día antes» o a las seis de la tarde. Esto es coherente con la forma en que Dios se refiere a cada día en Génesis 1. Después de describir la obra creativa de cada día, el autor de Génesis concluye la sección con estas palabras: «Y vino la noche, y llegó la *mañana*: ese fue el primer [el segundo, el tercero, el cuarto, el quinto, el sexto] día» (Génesis 1:5, 8, 13, 23, 31, cursivas añadidas).

Al principio esto quizá nos parezca que no es tan importante, pero nos dice algo sobre las prioridades del pueblo escogido de Dios, que hoy fallamos al entender. Volveremos a esto más tarde. Por ahora sugiero que nos enfoquemos en que el principio de la vida para el hebreo tenía su transición con la salida y puesta del sol.

Hay en esencia tres actividades principales diarias que debieran gobernar el día y la noche: *Productividad, relaciones* y *sueño.* Debido a que la actividad de los hebreos era sobre todo agrícola, la productividad se realizaba durante las horas de sol, de seis de la mañana a seis de la tarde. A las seis de la tarde el sol se ponía y la oscuridad empezaba a dominar. A partir de ese momento, el tiempo se dedicaba a las relaciones: Tiempo con la familia cercana, los demás parientes y los amigos; a disfrutar juntos de la comida y a contar historias (sin televisión e Internet). En este tiempo es cuando el niño hebreo escuchaba la historia de la creación contada una y otra vez. No había prisa, no podían ir a ninguna otra parte (carecían de movilidad). Entre las nueve y las diez de la noche cada uno se iba acomodando para un buen descanso durante la noche. La estructura básica de un día normal para los hebreos era así: Contaban con doce horas para la productividad y el trabajo (seis de la mañana a seis de la tarde); cuatro horas para las relaciones (seis de la tarde a diez de la noche); y ocho horas de descanso (diez de la noche a seis de la mañana). La ilustración en la página siguiente describe esta estructura básica.

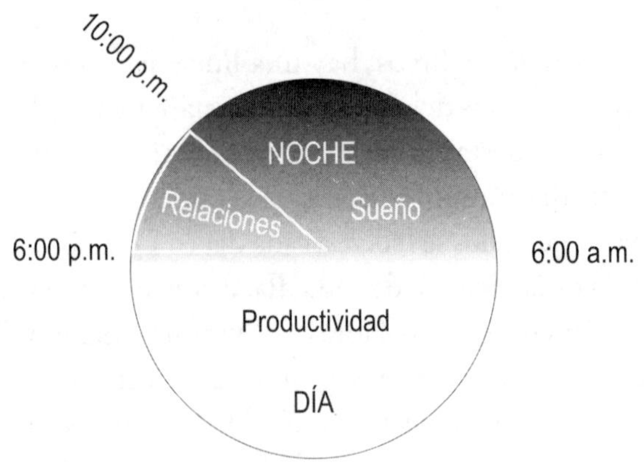

Cada familia hebrea funcionaba dentro de estas directrices todos los días de la semana durante seis días (del domingo al viernes). El viernes a las seis de la tarde comenzaba el séptimo día, el sábado, en el que descansaban de su trabajo (véase Éxodo 20:8-11, guardando el sábado santo) en respuesta al ejemplo de Dios.

> Así quedaron terminados los cielos y la tierra, y todo lo que hay en ellos. Al llegar el séptimo día, Dios descansó porque había terminado la obra que había emprendido. Dios bendijo el séptimo día, y lo santificó, porque en ese día descansó de toda su obra creadora.
>
> Génesis 2:1-3

Dios revela de nuevo un requerimiento clave de su diseño del modelo humano. Funcionamos mucho mejor cuando nos tomamos un día a la semana para descansar y renovarnos. Si violamos este diseño, abusamos de nuestros cuerpos y almas, y poco a poco disminuimos nuestra eficiencia. Tan importante era este principio para la vida que Dios mismo nos dio ejemplo descansando el séptimo día. ¿Lo hizo Dios porque estaba cansado? ¿Suda la Divinidad? No lo creo. Dios no llegó a la hora de la caída del sol el viernes y dijo: «¡Gracias que ha llegado el viernes!». Dios reafirma una pauta que es esencial para una vida saludable y productiva.

La pregunta central es: *¿Debiéramos nosotros vivir mediante el mismo reloj divino?* ¡Creo que la respuesta es *sí!* Somos seres humanos nacidos con el mismo diseño original de Adán. Archibald Hart usa el excelente ejemplo de una máquina. La mayoría de las máquinas llevan la recomendación de un «ciclo de trabajo» o de tiempo recomendado en el que debieran funcionar durante el curso de un día a fin de trabajar de forma óptima. Plantea esta pregunta: «¿Cuál es el "ciclo de trabajo" del cuerpo humano?». Luego continúa con esta observación:

> Estoy seguro que las personas diferimos aquí, pero en mi opinión nuestro ciclo de trabajo es de cincuenta por ciento, como la mayoría de las máquinas. ¿Por qué creo esto? La pista nos viene del ciclo natural del día y la noche. Se supone que tenemos que trabajar durante el día y descansar durante la noche. Lo que ha trastornado este ciclo es la invención de la bombilla eléctrica. Ahora nuestros cuerpos no tienen ya un sentido de ritmo diario, a menos que los restablezcamos[29].

Esta no es una idea recién encontrada. Está enraizada en la manera natural en que la vida funcionó durante miles de años. En sus últimos escritos sobre «The Next Society», Peter Drucker sugiere que vamos a tener que aprender la manera de vivir en los lugares que hemos creado nosotros mismos. Observa que lo sabemos muy bien: «El siglo XX vio la rápida decadencia del sector que dominó a la sociedad durante diez mil años: La agricultura»[30].

Vivimos en el comienzo de un tremendo cambio en relación con la existencia humana, y eso no es todo bueno. El estilo agrícola de los últimos diez mil años fluía con naturalidad, en perfecta armonía con la planificación hebrea del día. El agricultor se levantaba en la mañana a tiempo para ver salir el sol. Él y su familia trabajaban durante las valiosas horas de luz solar. Sin embargo, cuando el sol se ponía, terminaba el trabajo en los campos. Con los animales bien protegidos en sus establos o en los campos, la familia de campesinos disfrutaba de una cena abundante y nutritiva y buena conversación, que era mucho mejor para las personas cuando no existía la televisión. Con la aparición de la radio podían disfrutar de un tiempo de música, de narraciones o de un partido de fútbol. Todos se reunían en un solo lugar antes de que apareciera esa locura de dos o tres salas de estar cada una con televisor para ver diferentes programas. Nadie salía de casa en la tarde para irse al gimnasio. Durante las horas del día, el trabajo en el campo proporcionaba todo el ejercicio aeróbico y tonificación muscular que cada uno necesitaba. Cuando llegaba la hora de dormir, todos dormían a pierna suelta. Es la forma de vida que disfrutaba la mayoría hasta la llegada del siglo XX. Aun en 1913 los productos agrícolas constituían setenta por ciento del comercio mundial. Hoy solo representan diecisiete por ciento[31]. Como dijo una vez Dorothy Gale en *El Mago de Oz*: «Toto, tengo la impresión de que ya no estamos en Kansas».

Si bien no hay nada inherente ni malo en lo moral con el cambio de la agricultura a la industria y a la tecnología, sí hay algo que corre serio riesgo. En el capítulo 3 descubrimos que el pobre pastor beduino vive, por lo general, treinta años más que el estadounidense promedio. Su estilo de vida representa el estado de vida más sencillo de la sociedad agrícola. Ese estilo de vida fluye de manera más natural con la teología de la creación de Génesis 1 o, como lo estoy llamando, la planificación hebrea del tiempo.

La vida que nos hemos creado (o en la que nacimos sin querer) no tiene de forma natural estos límites dentro de sí misma. Debido a que somos nuevos en esta forma agitada de vida, solo los últimos cien años, carecemos de una buena comprensión del impacto global que tiene sobre los individuos. Ya empezamos a ver algunos resultados importantes y, sin duda, existen muchos aspectos emocionantes de vida en esta sociedad global con inventos tecnológicos sin precedentes. La aparición de estos inventos manifiesta de forma brillante que nos crearon a imagen y semejanza de Dios con una asombrosa capacidad creativa. Todavía me siento maravillado cuando hablo con mi padre en Cleveland, Ohio, usando un pequeño mecanismo sin hilos que llamamos teléfono celular, mientras visito a alguien en California. Esto es algo valioso y debemos celebrarlo.

Sin embargo, no hemos sido cuidadosos en verificar el efecto que estos cambios tienen sobre nuestra necesidad de comunidad y equilibrio. Vivimos en un mundo que no requiere límites. El día y la noche han desaparecido en nuestra sociedad de iluminación eléctrica y de actividades las veinticuatro horas del día. Recuerdo numerosas ocasiones cuando iba con mis hijos a ver un partido de béisbol profesional durante las últimas horas de luz solar. Alrededor de la séptima entrada miraba al cielo y me daba cuenta de que en algún momento se hizo de noche, pero que lo pasamos por alto. Con gran precisión el vataje de las luces de las ligas mayores venía y disipaban la oscuridad. En cuanto a mí, estaba todavía con luz del día. Si bien podemos celebrar el ingenio creativo de la humanidad (con todo, se queda muy corto del poder divino), debemos reconocer que hemos hecho todo esto sin consideración por el requerimiento de relaciones del que hablamos en el capítulo 2. Esta forma de vida puede ser maravillosa en muchas maneras secundarias, pero nos está matando en lo más básico. Debemos despertar a esta realidad y hacer algunos ajustes.

No sugiero que nos convirtamos todos en agricultores. Esto no iría muy bien conmigo, pues toda mi experiencia infantil tuvo lugar en la rica zona industrial de Cleveland, Ohio. Estaría en gran desventaja para proveerle a mi familia debido a mi falta de preparación manual y a mis dos títulos teológicos. Apenas sé cómo comprar frutas y verduras en un supermercado, mucho menos plantarlos y hacerlos crecer partiendo de las semillas. Sé como retorcer mis manos por el estrés, pero no tengo estómago para retorcer el pescuezo de un pollo y cocinarlo para cenar.

No obstante, sí estoy sugiriendo que redescubramos la belleza de la planificación hebrea del día como un principio eterno para una vida saludable y que organicemos nuestras vidas de tal manera que nos readaptemos a ese plan. Este es el plan divino establecido en la creación para darnos el espacio que necesitamos para vivir de forma saludable y equilibrada. Creo que este es uno de los asuntos más urgentes que tenemos. Si no lo enfrentamos, no debemos esperar vivir de verdad la vida que Dios deseaba que experimentáramos.

Ahora respire hondo y cierre el libro. Piense en su vida por unos momentos. Piense en cómo podría implementar este plan divino en su vida. Entonces abra otra vez el libro y siga leyendo, a medida que le doy a conocer mis pensamientos sobre cómo podemos lograrlo hoy en nuestras vidas. Si no tiene tiempo en estos momentos, asegúrese de que le dedica tiempo en su planificación diaria. ¡Esto es demasiado importante como para obviarlo!

Mis opiniones sobre este capítulo

Discusión para grupos pequeños

- ❒ ¿Qué método y elementos emplea cada miembro de su grupo para administrar su tiempo, programa, citas y lista de cosas por hacer? ¿Qué da resultados y qué no da resultados?
- ❒ ¿Cree que nos crearon para vivir en conformidad con el reloj divino del día y la noche? Sí o no, ¿por qué?
- ❒ ¿Cómo se compara su programa actual con la planificación hebrea del día?
- ❒ ¿Qué cambios o ajustes necesitaría hacer a fin de practicar la planificación hebrea del día?
- ❒ Comente la enseñanza principal que ha sacado de este capítulo.
- ❒ Identifique y exprese un paso de acción personal que va a dar para hacer más espacio para la vida.
- ❒ Ejercicio de edificación de la comunidad: Invite a cada miembro del grupo a probar con el formato de la planificación hebrea del día durante una semana y que luego informen sobre cómo les ha ido. (Esto funciona mejor si mantiene un sencillo programa del tiempo).

Medidas personales

PARTE

3

LOS OBSTÁCULOS:

Venzamos los malos hábitos y los mitos sobre la crianza de los hijos

Hay al menos dos obstáculos importantes que tenemos que superar en nuestra búsqueda para hacer espacio para la vida. Primero, debemos ser bien conscientes de los malos hábitos que hemos desarrollado que nos mantienen atados al estilo de vida de crisis y nos impiden gozar de la sencillez de la vida en comunidad. Segundo, debemos enfrentar los mitos actuales sobre cómo criar a nuestros hijos. Una vez que vemos el verdadero efecto que tienen nuestros caóticos estilos de vida sobre nuestros hijos, nos sentiremos motivados para realizar los cambios necesarios.

CAPÍTULO 6

Saquemos la vida del desequilibrio

La necesidad de los límites

En los últimos años he practicado golf. Lo evité con éxito durante los primeros cuarenta años de mi vida. Mi padre, un gran aficionado a la caza y la pesca, siempre cuestionó la lógica de golpear una pequeña bola y luego ir a buscarla, a fin de volver a golpearla y seguir buscándola. Siempre me dijo: «Si no la golpeas, no tendrás que ir a buscarla». Pero un día en un retiro, los miembros de mi equipo ministerial me animaron a jugar por amor de la formación de equipo. No me gustaba la idea de jugar en algo que no podía ganar, pero no podía negar que la edificación del equipo era esencial, así que participé.

Las cosas sucedieron como pensaba que iban a pasar: ¡Pésimas! Dejé incluso de prestarle atención a la puntuación. Sin embargo, hice una jugada que me ayudó mucho (sin saber con exactitud qué hacer para repetirla), y la bola se elevó bastante y cayó lejos.

Desde entonces me aficioné al golf. Lo que aprendí sobre esa jugada exitosa, al tratar a lo largo de los años de hacer que fuera una rutina en vez de algo accidental, es que el golf requiere dos cosas principales que deben suceder a la vez a fin de golpear la bola como es debido. Uno tiene que *hacer lo adecuado* en el *momento oportuno*. El golf no solo requiere una buena alineación, agarrar bien el palo, tener un buen movimiento del palo y de las manos (hacer lo adecuado), sino que también hay que hacerlo con ritmo sin defecto (momento oportuno). Así es también con la vida. No solo debemos hacer lo que es adecuado, sino aprender a hacerlo en el momento oportuno con el ritmo apropiado según el plan divino. Bagger Vance, el gurú del golf, lo dijo bien con un buen símil en *The Legend of Bagger Vance*: «El ritmo del golf es como el ritmo de la vida»[32].

El sentido del ritmo no lo enseñaban muchas personas. Como descubrimos en el último capítulo, las personas no pensaron mucho en eso durante los últimos diez mil años. La vida del pastor y del agricultor encajaba en los límites que mantenían la actividad y la falta de actividad en el ritmo apropiado. De modo que cuando el modelo de vida cambió durante la revolución industrial y ahora la era de la tecnología, nadie tiene ni idea de cómo va a afectar eso nuestro ritmo de la vida o nuestra habilidad para hacer lo que es adecuado en el momento oportuno. Las masas pasaron por alto a esos que sí tuvieron un presentimiento.

Uno de los errores más comunes en el juego del golf es bajar el palo demasiado aprisa. Hay un sentido falso de que cuanto más rápido y con más fuerza golpea con el palo, tanto más lejos irá la pelota. Nada está más lejos de la verdad. La bajada del palo debe ser lenta y con un ritmo acorde con todo el resto del cuerpo. Cuando eso sucede, la bola se eleva sin esfuerzo y llega muy lejos. Archibald Hart hace la misma sabia observación:

> Los seres humanos fueron diseñados para viajar con camellos, pero la mayoría de las personas actúan ahora como aviones supersónicos. En pocas palabras, la mayoría de nosotros vivimos a un paso demasiado rápido… El ritmo de la vida moderna nos está estirando a todos más allá de nuestros límites. Y estamos pagando por este abuso con la moneda costosa y dolorosa del estrés y la ansiedad, así de claro y simple[33].

La mayoría cree que si aumentamos nuestra velocidad, seremos más felices y viviremos más. Eso no es cierto. Debemos vivir la vida con ritmo. Eso no significa, sin embargo, que haremos menos. Del mismo modo que un golpe rítmico con el palo de golf impulsa la pelota, nosotros podemos al final llegar más lejos con una vida equilibrada.

En el último capítulo hablamos de los tres movimientos principales en el día de la persona promedio. Hay *productividad* o trabajo; hay tiempo de *relaciones*; y hay tiempo para *dormir*. Si estamos dispuestos a hacerle espacio a la vida, debemos equilibrar estas tres esferas según el ritmo creado por Dios. No obstante, la mayoría de los estadounidenses viven de forma desequilibrada en estas tres esferas.

Desequilibrio en el trabajo

La Biblia nos dice que el trabajo es bueno y necesario. En la creación, Dios les dio a los hombres y las mujeres tareas para hacer en relación con el gobierno de su creación (Génesis 1:26). Salomón nos dice que Dios nos dio trabajo para hacer y debemos disfrutarlo como un don de Dios (Eclesiastés 5:19). Es más, la Biblia nos dice con claridad que la persona que no trabaja que tampoco coma (2 Tesalonicenses 3:10). Los principios de los proverbios proclaman repetidas veces que la pereza es inaceptable y que solo lleva a la pobreza y a la muerte inminente (Proverbios 6:9-11; 19:15; 20:13).

Sin embargo, Dios ha establecido límites claros para nuestro trabajo. La Biblia nos dice (Génesis 2:2-3; Éxodo 20:8-11; 23:12) que debiéramos trabajar solo seis días seguidos y luego tener un día para el descanso y la renovación. Jesús nos recuerda que no nos crearon para este principio, sino que el principio se nos dio para nuestro beneficio (Marcos 2:27). En otras palabras, Dios nos creó con un ciclo de funcionamiento que requiere que paremos un día a la semana. La Biblia también nos dice que demasiado trabajo no es bueno. Salomón nos da estas palabras de equilibrio:

«Más vale un puño lleno con descanso, que ambos puños llenos con trabajo y aflicción de espíritu» (Eclesiastés 4:6, RV-60).

Si pudiéramos agarrar el trabajo con nuestras manos, debiéramos hacer lo posible por tomar solo un puñado de trabajo y con la otra mano un puñado de tranquilidad. Esta es una propuesta de cincuenta por ciento. Debiéramos dar cincuenta por ciento de nuestro día al trabajo y la producción, eso es bueno. Otro cincuenta por ciento debiéramos darlo a las relaciones y el descanso, esto también es bueno y necesario. Es un asunto de equilibrio.

Puede que algunos piensen: *«Obtengo todo el tiempo de relaciones que necesito en el trabajo»*. Esto quizá parezca una idea razonable. ¿Por qué no podemos mezclar sencillamente el trabajo con las relaciones y extender nuestro trabajo hasta la noche? Para los que son muy inclinados al trabajo esto tiene sentido. No obstante, los expertos que estudian a los individuos que sufren de trastornos físicos y emocionales sugieren que la fuente subyacente de sus dificultades es la falta de un tiempo de relaciones personales significativas, en oposición al profesional, y apoyo[34].

Salomón nos cuenta la historia de un hombre rico que vive aislado y solo. Tiene muchas posesiones, pero parece que no encuentra la paz en ellas. En un momento de desesperación profunda clama diciendo: «¿Para quién trabajo tanto, y me abstengo de las cosas buenas?». Salomón concluye: «¡También esto es absurdo, y una penosa tarea!» (Eclesiastés 4:8).

Lo común en los Estados Unidos es no tener un buen equilibro en cuanto al trabajo. Eso no quiere decir que todos trabajen con diligencia y eficiencia cuando están en la tarea. Es probable que pocos lo hagan. Sin embargo, muchas personas no hacen su trabajo dentro de los límites establecidos por Dios. Parece que este principio lo violan con más frecuencia las personalidades de tipo A que son «exitosas» en gran medida. Este es el tipo de persona que la mayoría de nosotros queremos ser porque es la que acapara los mejores juguetes.

El deseo de acumular es un enfoque de la vida bien desarrollado que es ciego y adictivo. El éxito se mide por lo que has acumulado en comparación con otros. Se trata de cómo se juega el juego. Algunos lo llaman la «fiebre del lujo». Salomón escribe: «Vi además que tanto el afán como el éxito en la vida despiertan envidias. Y también esto es absurdo; ¡es correr tras el viento!» (Eclesiastés 4:4). Con todo, no muchos párrafos más adelante escribe: «Hay un mal que he visto en esta vida y que abunda entre los hombres: a algunos Dios les da abundancia, riquezas y honores, y no les falta nada que pudieran desear, pero es a otros a quienes les concede disfrutar de todo ello. ¡Esto es absurdo, y un mal terrible!» (Eclesiastés 6:1-2). El trabajo es bueno, y Dios nos lo da como un don, pero cuando se desequilibra en relación con las otras necesidades de la vida, algo anda muy mal.

El trabajo se refiere no solo a lo que hacemos en la oficina o en la fábrica. El trabajo es actividad y movimiento: Tarea en el jardín, ejercicios, deportes de los hijos, reuniones en el templo y muchas cosas así. En el capítulo anterior sugería que debiéramos trabajar desde que sale el sol hasta que se pone (de seis de la mañana a seis de la tarde). Debiéramos movernos durante ese tiempo del día; pero cuando llega la puesta del sol, debemos terminar por completo con nuestras tareas del día.

Cuándo trabajamos es importante, pero *dónde* trabajamos es algo que también debemos analizar. Con la aparición del automóvil y las autopistas, los estadounidenses tienen la posibilidad de vivir en las áreas residenciales, donde solo existen casas, gasolineras y restaurantes, y levantarse cada mañana para enfrentar un viaje de ida y vuelta de treinta a sesenta minutos para el trabajo. Con un día laboral que va en general desde las ocho y media de la mañana hasta las seis de la tarde, las personas salen de su casa a las siete de la mañana y no regresan hasta las siete o siete y media de la noche. Cuando empezamos a pasarnos de las seis de la tarde, podemos sentir que nuestra casa es más un hotel que un hogar. Cientos de miles de personas se ven atrapados cada tarde en un tránsito lento e infernal y puede que estén pensando: *Así es como funciona la «buena vida»*.

Y este no es el fin del asunto. Para la familia promedio la mayoría de las tardes incluye el correr con el auto a varios sitios de la ciudad por diversas razones: compras de alimentos, actividades en el templo, prácticas deportivas de los hijos, comer fuera, etc. No solo todas estas carreras nos privan de mucho del tiempo para comer juntos como familia, sino que también extiende nuestro trabajo y actividad más allá de nuestro ciclo de actividad, resultando, en consecuencia, en el agotamiento de nuestro bienestar físico, emocional, espiritual y relacional. Sin embargo, los efectos negativos aparecen solo con lentitud, de forma que la mayoría de las personas nunca conectan en realidad los puntos entre su trabajo desequilibrado y la falta de felicidad y salud.

Desequilibro en las relaciones

No solo nuestra vida de trabajo está desequilibrada, sino que también experimentamos un serio desequilibrio en nuestro tiempo de relaciones. No disfrutamos de suficiente tiempo de calidad con un grupo unido de personas para satisfacer el requerimiento de relación. Como hemos visto, cuando no se satisface ese requerimiento de relación durante cierto tiempo, las cosas empiezan a deshacerse en todas las esferas de la vida.

Una de las razones por las que la cuota de relaciones no se satisface es que nuestras responsabilidades de trabajo y nuestras idas y venidas en auto al trabajo nos privan de nuestro tiempo para las relaciones. El mejor espacio de tiempo para centrarnos y disfrutar de las relaciones es entre las seis de la tarde y las diez de la noche. Tan importante era este tiempo para la familia hebrea del pasado que comenzaban su día con las horas de la tarde. Dicho en pocas palabras, la familia estadounidense promedio ya no para en casa durante esas horas. Para cuando terminamos de trabajar, manejar hasta la casa, llevar y traer a los hijos a sus actividades de la tarde, comprar o trabajar en el patio o jardín, ya no queda tiempo para una cena y conversación familiar significativa. El tiempo de la comida ya no es un acontecimiento familiar, sino algo que sucede deprisa y corriendo, o algo que hacemos mientras vamos a las actividades. Debido a que muchos en la familia de hoy tienen horarios y programas diferentes, cada cual tiene que aprender a apañárselas como pueda.

Nadie nos ha enseñado el gran valor a largo plazo de participar en una cena y conversación al anochecer; por consiguiente, la mayoría de las personas cree que tragarse una cena rápida comprada en Burger King o MacDonald's mientras van metidos en una camioneta de siete plazas cumple con el mismo propósito. Nacimos con la necesidad de terminar nuestro día en el seno de un círculo de personas que nos conocen y que se interesan mucho por nosotros. Cuando cambiamos esta clase de existencia sencilla por otra dominada por la obsesión del movimiento, para lo que también se necesita algo de dinero, entran en nuestros hogares y cuerpos nuevos males y enfermedades. Dicho con sencillez, cuando nuestro tiempo para las relaciones se desequilibra, la vida no funciona.

Desequilibrio en el sueño

Salomón nos dice que «dulce es el sueño del trabajador» (Eclesiastés 5:12, RV-60). En otras palabras, un buen día de trabajo honrado y diligente nos ayuda mucho a dormir bien. No obstante, si este trabajo nos niega tiempo de calidad de relaciones con un círculo de familia y amigos, a la larga nuestro sueño se afecta de forma drástica.

Los trastornos del sueño llenan la vida estadounidense en proporciones epidémicas. El sicólogo Archibald Hart sacó esta conclusión a finales del siglo XX: «Alrededor de la mitad de todos los estadounidenses adultos no duermen bien durante la noche. Cuarenta y nueve por ciento de los estadounidenses adultos sufre de alguna forma de problemas relacionados con el sueño tales como el insomnio»[35]. Este problema no se resuelve mediante la acumulación, sino la comunidad. No podemos resolver el problema comprando el último colchón usado por la NASA, con cojines de plumas de ganso, sábanas de seda y colchas especiales. Al final, todo el problema consiste en la manera en que vivimos cuando nos despertamos.

¿Por qué se afecta de forma negativa nuestro sueño cuando nos perdemos la parte de las relaciones de nuestro día? Vuelvo al reloj divino que se estableció en la creación. Dios ha establecido nuestros cuerpos de tal forma que cuando el sol se levanta, nuestros cuerpos se estimulan para el trabajo. Cuando el sol se pone, nuestros cuerpos buscan una transición de las presiones del día, presiones que, en proporciones adecuadas, son buenas y saludables, y buscan prepararnos para una noche de descanso renovador. Es de vital importancia la manera en que usamos este tiempo entre el trabajo y el sueño. Si presionamos a nuestros cuerpos y mentes para seguir trabajando, y si seguimos manteniéndonos estimulados en exceso y estresados, en especial a lo largo del tiempo de manejar el auto por la ciudad para ir a varias actividades, no estaremos preparados para el sueño.

Debido a que encuentro la obra de Archibald Hart tan útil, voy a tratar de resumir sus pensamientos del capítulo 14 sobre la cura de la ansiedad[36]. El centro de nuestro cerebro contiene un «reloj» llamado la glándula pineal que controla con exactitud el ritmo del cerebro. Este reloj cerebral sirve también para almacenar la serotonina. La serotonina es un elemento químico dado por Dios que se libera con precisión y tiene la responsabilidad de asegurar que la fisiología de nuestro cuerpo sienta contentamiento y gozo durante las horas del día. No sorprende que trabaje las veinticuatro horas del ciclo de luz y oscuridad. En un determinado momento del día la serotonina se convierte en melatonina (es interesante saber que ahora se produce de forma sintética como una ayuda para inducir el sueño), la cual nos prepara para dormir. Al comienzo de la noche, alrededor de las seis de la tarde, la melatonina aparece en nuestro sistema y nos prepara para dormir. La melatonina es el tranquilizante natural de Dios. Al comienzo del día (seis de la mañana), la melatonina se reconvierte en serotonina a fin de prepararnos para el día de trabajo.

Cada vez que extendemos de manera artificial la luz del día más allá del diseño de la creación de Dios y continuamos con el estrés del trabajo o la actividad estimulada, lo que a su vez libera las toxinas de la adrenalina, neutralizamos los efectos de la melatonina, lo que crea una posibilidad de problema en relación con la calidad del sueño. Hart escribe: «La elevación de la adrenalina, causada por la extensión del estrés, agota el tranquilizante natural del cerebro y prepara el escenario para una mayor ansiedad»[37]. Si seguimos violando este ciclo del reloj cerebral, este dejará de producir y liberar la melatonina requerida. Viviremos entonces en un estado constante de estrés y ansiedad interiores, lo cual crea toda clase de problemas y temores en los que se incluye el insomnio.

Hace muchos años Sir Francis Bacon hizo este sabio comentario: «El que no aplica los nuevos remedios debe esperar nuevos males»[38]. Los estadounidenses no pueden seguir viviendo una vida desequilibrada, mostrando de manera consciente o inconsciente su menosprecio por el diseño divino. Debemos hacer cambios basados en el diseño de Dios, o sufriremos las consecuencias a corto y largo plazo. Debemos hacer espacio para la vida que Dios quiere para nosotros, no solo porque lo deseamos, sino también porque es esencial para la continuación de nuestra existencia.

Las dificultades para dormir no son el único *efecto* de vivir en estrés, sino también (en algunos casos) la *causa* que hace que se dañen otras esferas de nuestra vida. La falta de sueño al final crea problemas de salud que afectan nuestra productividad. Luchamos por extender las horas del día y nos privamos del tiempo maravilloso de las relaciones con el fin de hacer más cosas, pero al final lo que conseguimos es reducir nuestra productividad. La falta de sueño puede también destruir las relaciones porque crea un desequilibrio interno que nos hace infelices e irritables. Añadir estrés e irritabilidad encima de unas relaciones ya agotadas hace que sea más difícil su renovación y vuelta al buen camino.

Esto le puede parecer pura teoría, con una aplicación demasiado distante como para interesarle al estadounidense tan aficionado a la gratificación inmediata, hasta que experimenta en lo personal la situación. Eso me sucedió a mí hace algunos años y estimuló mi pasión por una vida equilibrada.

Ha habido muy pocos días que he fallado en darle gracias a Dios por dirigirme a ser un pastor. Hay muchos aspectos que encajan a la perfección con quién soy: Escribir, hablar, ayudar a las personas a desarrollar su espiritualidad y ser parte de las comunidades que promueven la transformación bíblica de la vida. Hasta no hace mucho, trabajaba todo el día, regresaba a casa por la tarde con un portafolio lleno de trabajo y me retiraba a mi oficina en casa. Sabía que necesitaba, y lo quería, pasar más tiempo con mi familia, aunque a la hora de la verdad no sabía qué hacer con ellos. La mayoría de las noches que estaba en casa todo degeneraba en ver juntos la televisión. Dado que cada uno de nosotros quería ver algo diferente, teníamos tres televisores funcionando de forma simultánea. Si en algún momento la familia decidía salir para hacer algo, yo optaba por quedarme en casa. Tan pronto como se metían en el auto, abría mi portafolio. Ya había calculado lo que iba a hacer en ese tiempo. Lo que es más, una vez que los hijos se iban a la cama y conversaba un poco con mi esposa, me sacudía las telarañas de los ojos y me convencía de seguir trabajando. Muchas noches me quedaba despierto hasta la una o las dos de la madrugada, el tiempo que reservaba para mi creatividad en el pensamiento y la escritura. Ser un ministro puede crear cierta confusión porque podía racionalizar que hacía mi trabajo para agradar y glorificar a Dios.

Sin embargo, cuando uno se apasiona por el trabajo y no establece límites, algo inesperado va sucediendo con el tiempo. Encontré que tenía dificultades para ir a dormir. No me refiero a ir a dormir y más tarde despertarse y después volverse a dormir. Hablo de no ir nunca a dormir. No sé por qué ocurría esto. Entiendo muy bien que hay personas que tienen tanto estrés y preocupación por sus vidas que a veces tienen dificultades para dormir, pero ese no era mi caso. Si bien mi trabajo ha sido siempre bastante abrumador, la mayoría de las veces debido a mi pasión por la excelencia y por mi deseo de terminar las cosas, no estaba preocupado en lo particular por ninguna cosa.

Aprendí entonces que una persona puede estar llena de estrés sin estar angustiado. El estrés, el cual agota el tranquilizante natural del cerebro, se puede generar por una extensión excesiva de nuestras pasiones y por las cosas que amamos. Estaba disponible para dar veinticuatro horas diarias a las cosas que me apasionan, y eso se convirtió en un problema. Creo que la mayoría de nosotros no sabe de verdad con cuánto estrés vivimos de forma continua, ya sea estrés del bueno o del malo.

Cada noche al acercarse la hora de ir a la cama, me ponía nervioso y empezaba a agitarme sobre la realidad de que no podía llevar a cabo la actividad más básica de la vida: La no actividad del sueño. Recuerdo estar despierto por completo y dando vueltas por la casa. *Sin duda, no podía ser el único que estuviera teniendo dificultades en la familia*. Pero era cierto. Me acercaba a la cama de mi hijo menor y le observaba dormir profundamente, y me decía: «*¿Cómo es que lo hace mucho mejor que yo? ¿Cuándo olvidé dormir?*». Me sentía incompetente.

El dolor no paró allí. No solo experimenté una disminución en la productividad y un sentido de distanciamiento de los asuntos de mi familia y amigos, sino que empezaron a surgir temores y ansiedad internas, y no tenían contenido ni lógica.

Sin duda alguna, esta fue la época más alarmante de mi vida. Llegué a pensar que estaba perdiendo la mente.

Después de más o menos un mes de insomnio, fui a ver al médico. (En mi mente el hecho de que había demorado ir al médico me confirmaba mi hombría). El médico que fui a visitar no me conocía en ese momento, al menos eso es lo que pensaba. Me avergonzaba decirle a otro hombre adulto que no podía dormir y que tenía miedo. No quería que supiera que era un pastor. Había preparado bien en mi mente la historia que quería contarle. Cuando llegó el momento de la confesión, le expliqué mi situación y esperaba que el médico llamara a los auxiliares de un centro siquiátrico. Hizo una pausa y luego dijo:

—Cuando usted suma el estrés propio de su tarea, al del cuidado de sus hijos y la pasión por la excelencia que tiene, no sorprende para nada lo que le está pasando.

—¿Usted sabe lo que yo hago? —pregunté asombrado, fingiendo no haberle oído bien

—Usted es el pastor de una iglesia grande en la ciudad. Muchas personas saben quién es usted.

Ah, no, me habían descubierto, pero entonces empecé a sentir que podría recibir ayuda de verdad. Mi médico me dijo que tenía problemas del sueño debido a mi estilo de vida y que necesita hacer algunos cambios. Bromeando me dijo que si me iba a Borneo, dormiría como un bebé porque allí el ritmo de vida era muy diferente. Anoté en mi mente informarme de cuánto costaba un boleto de avión a Borneo sin intención de volver. Me recetó un medicamento para dormir que tenía que tomar durante los siguientes cuarenta y cinco días, mientras hacía cambios serios en mi forma de vivir.

Esto marcó el comienzo de mi camino para instalar la planificación hebrea del día (véase el capítulo 5) en mi vida. No recorrí este camino por curiosidad, sino por necesidad. Debido a que no se enseña un estilo de vida bajo en estrés en ningún centro de aprendizaje normal, ni tampoco en el hogar, tuve que empezar a investigar, y a medida que investigaba, las piezas del rompecabezas empezaron a encajar. Entré en la fase de *no saber que no sabía cómo vivir una vida equilibrada, una vida de relaciones*. Al llegar a ese punto empecé a experimentar una oleada de entusiasmo y esperanza.

El proceso de instalar la planificación hebrea del día ha sido gradual, pero deliberado. Una de las cosas que aprendí en mi investigación es que a los estadounidenses no les han enseñado a vivir dentro de ninguno de los límites de la creación. También he aprendido que los estadounidenses han formado una senda de logros y de adrenalina que promueven este patrón de vida tan perjudicial. No todos en los Estados Unidos sufren de esto que estoy describiendo. Los que más sufren parecen ser los que se esfuerzan mucho por conseguir una cierta posición en la vida y en el trabajo. Esta conclusión, establecida por los especialistas, empieza a explicar por qué muchas de las enfermedades causadas por el estrés son únicas de los estadounidenses.

Si bien quiero conseguir todo lo que Dios quiere que logre, y sin duda alguna quiero que mi vida cuente, he llegado a darme cuenta que Dios ha establecido límites a los que debemos adherirnos: Un ritmo, si le gusta más, que nos mantenga sanos, felices y productivos. Cuando obviamos ese ritmo, nuestras relaciones sufren. Basarse en el requerimiento de las relaciones, ese es el componente más esencial del ser humano. Cuando nos privamos del «aire de comunidad», empezamos a ver que surgen nuevos problemas: trastornos del sueño y ansiedad, fobias irracionales, disminución de la productividad y relaciones tensas.

Dicho con sencillez, la forma de vida estadounidense está ahogando en nosotros esa capacidad y necesidad de relaciones. Si las cosas siguen como hasta ahora, la manera en que modelamos para nuestros hijos el enfoque de la vida les va a resultar perjudicial. Es una forma de vida que no se enseña con palabras en un aula, pero lo captan como niños que viven buena parte de su vida en el asiento trasero del auto familiar. En el golf, el movimiento que se hace con el palo y los brazos una y otra vez se convierte en parte de la memoria muscular, de manera que sus músculos ejecutan el movimiento de forma automática. Por la manera en que vivimos, les enseñamos a nuestros hijos a que establezcan en su memoria un movimiento bueno o malo en cuanto al enfoque de la vida. (Hablaré más sobre esto en los dos próximos capítulos). Una vez establecida la memoria muscular, se necesita mucho trabajo y concentración para cambiarla. A fin de remediar este mal social tenemos que ir más allá de los medicamentos y las inversiones monetarias que nos quieren vender sin cesar.

En cuanto a mí, nunca antes he dormido mejor, he logrado más y he disfrutado más de un maravilloso círculo de relaciones. Si bien es cierto que todavía me queda camino que andar, le recomiendo de forma encarecida que instale la planificación hebrea del día en su vida en virtud de la confianza que tengo en el diseño original de Dios para nosotros. Uno no resuelve los problemas del sueño enfocándonos en el sueño, sino equilibrando el tiempo del sueño con el del trabajo y las relaciones según el reloj que Dios puso en nuestro cerebro. Me gustaría poder decir lo mismo en cuanto a mi juego del golf.

Mis opiniones sobre este capítulo

Discusión para grupos pequeños

- ❒ Invite a cada persona a que se califique en cómo le va en equilibrar su trabajo con los otros aspectos de la vida. (Usen una escala de seis puntos: 1 = la más desequilibrada y 6 = la más equilibrada). Si le parece que su trabajo está fuera de equilibrio, ¿es este un tiempo especial en su vida o es bastante común? ¿Considera que esta es la forma en que van a seguir las cosas o hay posibilidades de que cambien en el futuro?

- ❒ Invite a cada persona a que se califique en cómo le va en equilibrar sus relaciones con los otros aspectos de la vida. (Usen la misma escala anterior). Si le parece que su trabajo está fuera de equilibrio, ¿es este un tiempo especial en su vida o es bastante común? ¿Considera que esta es la forma en que van a seguir las cosas o hay posibilidades de que cambien en el futuro?

- ❒ La mitad de los adultos de los Estados Unidos tienen problemas con el sueño. ¿Le sucede eso a alguien en su grupo? ¿A qué atribuye sus dificultades con el sueño? ¿Podría ser una posible causa un desequilibrio entre el trabajo y las relaciones o un desequilibrio por hacer muchas cosas en la noche?

- ❒ La función de la glándula pineal aporta un argumento fuerte a favor de la planificación hebrea del día (véase el capítulo 5). Anime a que un miembro de grupo explique cómo funciona esta glándula y su efecto sobre nosotros. ¿Qué piensa cada miembro del grupo en cuanto a esto?

- ❒ Comente sobre la enseñanza principal que ha sacado de este capítulo.

- ❒ Identifique y exprese un paso de acción personal que va a dar para hacer más espacio para la vida.

- ❒ Ejercicio de edificación de la comunidad: Una en parejas a los miembros del grupo. Pida a cada pareja que se digan entre sí una petición de oración en relación con sus luchas mencionadas arriba. Pida que se comprometan a orar unos por otros una vez al día durante la semana siguiente y a llamarse unos a otros para ver cómo van las cosas.

Medidas personales

CAPÍTULO 7

La niñez: Una especie en peligro de extinción

Cómo nuestros estilos de vida afectan a nuestros hijos

La niñez se está convirtiendo a un paso acelerado en una especie en peligro de extinción. Menos mal que algunos ya comienzan a reconocerlo y a actuar antes de que sea demasiado tarde. En primera plana de la revista *USA Today's*, del 26 de marzo de 2002, apareció un artículo titulado «Harried citizens take a night off»:

> Nada de trabajo en casa, nada de prácticas deportivas, nada de lecciones de música. Nada de matemáticas, no fútbol, no lecciones de natación, no reuniones del grupo de Exploradores, no aprender a cantar. ¡Ninguno de los programas acostumbrados! No esta noche, no en esta ciudad conocida por sus padres e hijos prósperos, exitosos y competitivos.
>
> Un comité de dieciocho personas necesitó siete meses y seis reuniones para planearlo, pero Ridgewood, donde las actividades adicionales van desde clases especiales de cálculo, a visitas al ortodoncista, seguido de prácticas en el gimnasio, al

fin tomó la decisión que de otra manera solo una tormenta de nieve hubiera podido imponer: Una noche libre.

La idea de una «noche libre» se originó el pasado año, cuando Marcia Marra, una madre agobiada de tres, se dio cuenta de lo sobrecargada que estaba su familia. Convocó un comité para hablar sobre el problema, y conversaron acerca de programas y grupos de diálogo.

Dijimos: «Estamos trabajando en nuestra contra», dice el Rvdo. Douglas Fromm. «Vamos a planear una noche en la que no haya nada planeado».

La idea gustó a los del comité, en especial después del 11 de septiembre, cuando un pueblo de unos treinta mil habitantes perdió doce residentes. Desde una colina cercana, se pudo ver cómo caían las torres del Centro Mundial de Comercio. «Las personas empezaron a pensar en lo que es importante de verdad», dice Fromm.

Los directores de las escuelas prometieron una amnistía del trabajo escolar. Los equipos deportivos cancelaron juegos y prácticas. Las iglesias cancelaron también sus actividades de ese día.

El éxito de la Noche de la Familia lo medirían solo los participantes. Marra dice: «No queremos siquiera tiempo de calidad; solo queremos tiempo».

Dada la tradición activa de Ridgewood, alguien sugirió que se ofreciera una lista de actividades, pero esto se rechazó por oler a algo muy bien planeado. Todos se rieron cuando alguien preguntó si habría un premio para la familia que tuviera la mejor noche todos juntos.

«Confío que hagan esto varias veces al año», dice Noreen Romano, una sicóloga con dos hijos adolescentes. «Por supuesto», agregó, «tendrán que programarlo y anotarlo en el calendario»[39].

Esta es una descripción clásica y común de la vida estadounidense. Mientras mejores sean las «ventajas» económicas, como sucede en Ridgewood, Nueva Jersey, tanto más extremo será a menudo el ritmo. Al leer el testimonio antes mencionado, uno puede ver a las personas corriendo de un mundo de relaciones y actividades a otro. En vez de centrarse con un círculo de familia y vecinos durante el tiempo de relaciones de cada día, las mamás y los papás «dividen y conquistan» en automóviles que cuestan más que la casa que mi padre compró en la década de 1970. También se dará cuenta que, cuando toda la ciudad decide tomarse una noche libre de toda actividad, algunos no saben qué hacer. Si bien podemos ver que lo que hacemos no es saludable, seguimos haciéndolo porque es lo único que sabemos hacer.

Los humanos somos criaturas de hábitos. Cuando los hebreos obtuvieron la libertad de su vida de esclavitud en Egipto y emprendieron el camino hacia una vida de libertad, dignidad y bendición, se quejaron y murmuraron y querían regresar a Egipto (Números 14:3-4). Sabían cómo vivir en esclavitud, y querían regresar a las circunstancias conocidas. No sabían cómo vivir en libertad. Me parece que nosotros tampoco lo sabemos. Somos esclavos de programas y horarios, de acumulación y de automóviles. Una observación clave es que este caos de las tardes se debe sobre todo a las actividades de los hijos. Esto es lo que llamo «la danza juvenil residencial». Aquí la pregunta clave es: *¿Es eso lo que nuestros hijos quieren y necesitan de verdad?*

Llevo casado más de veinte años con la que fue mi novia del instituto. Tenemos cuatro hijos que amamos de todo corazón. Cuando empezamos nuestra familia, como padres cristianos conscientes estábamos en contra del modelo de familia y de hijos de la sociedad de consumo que veíamos por todas partes. Queríamos de verdad invertir en nuestra familia. Queríamos participar más de lleno en su vida de lo que percibíamos que estuvo la generación precedente. ¿Cómo cumple uno de forma tangible esta misión? En los centros urbanos la misión es que los hijos participen en el mayor número posible de actividades de manera que puedan estar expuestos a tantas oportunidades maravillosas como sea posible a fin de formar su autoestima y opciones futuras. La teoría que nos predicaron los padres de adolescentes experimentados cuando nuestros hijos eran niños era la de mantener a los hijos ocupados y lejos de la calle. Si no mantiene a sus hijos ocupados con actividades que controla, recurrirán sin duda a las drogas y a las pandillas. Aceptamos este consejo, y para cuando nuestro primer hijo tenía cuatro años, corríamos como las demás buenas familias de Ridgewood de actividad en actividad.

Las motivaciones diferentes que nadaban en nuestras cabezas, y aun en las cabezas de nuestros padres cuando nos sentábamos juntos en las competiciones deportivas, las impulsaban metas bien intencionadas.

- *Las actividades de los niños son una manera de enseñarle habilidades de vida social a su hijo.* Si los hijos no participan en esas actividades, vivirán como extraños sociales, lo cual les llevará a relacionarse con otros niños que no ayudarán al desarrollo de su autoestima, lo que quizá sea el temor número uno de los padres hoy.
- *Las actividades organizadas desarrollan a nuestros hijos en esa esfera en particular que le ayudará a tener ventaja más tarde en la vida.* Por ejemplo, usted lleva a su hijo de cuatro años a jugar al fútbol a fin de que cuando esté en el instituto domine bien ese deporte. Debido a que hay docenas de escuelas y miles de estudiantes, solo los mejores llegan a jugar. Quizá, solo quizá, su hijo brillará en ese deporte y logrará recibir una beca que le ayude en la universidad. Queremos que les vaya bien a nuestros hijos. También sabemos que si van a mantener el mismo estilo de vida que les proporcionamos, van a tener que ser competitivos y descubrir el enfoque que les conviene hacia el éxito.
- *Inscribir a nuestros hijos en varias actividades cuesta dinero y eso demuestra que estamos dispuestos a invertir nuestros recursos económicos en el desarrollo de nuestros hijos.* El dinero fluye hacia las prioridades. Cuando los inscribimos en esas actividades, comunicamos y afirmamos nuestras prioridades. Por ejemplo, si está a punto de inscribir a su hijo en el equipo de hockey, tiene los gastos de la liga: el costo de patines (los cuales es típico que duren una sola temporada);

los protectores acolchados, el casco y los palos de hockey; el costo de trofeos al final de la temporada, sin importar si los chicos ganaron todos los juegos o ninguno (a fin de promover la autoestima aparte del desempeño); y el costo del obsequio del entrenador (ni con mucho le compensan lo suficiente por manejar las expectativas de los padres implicados). Y no olvide otro gasto que a menudo se pasa por alto cuando se inscribe al niño en el hockey: el costo de comidas. Debido a que los encuentros deportivos suceden invariablemente durante la hora de comida, tiene el factor de comprarla al pasar como una bala por la ventanilla de los restaurantes de comidas rápidas. Según mi cálculo conservador y la experiencia personal, para cada niño se necesitan trescientos cincuenta dólares por temporada a fin de que juegue al hockey. Con la realidad de que la mayoría de los niños en los barrios residenciales participan en tres o cuatro deportes (la mayoría ahora tienen ligas de otoño, primavera y verano), y casi siempre algunas actividades que no son deportivas (lecciones de música, cotillón, etc.), no es poco realista para una familia con cuatro hijos gastar de tres mil a diez mil dólares al año, solo en actividades extracurriculares, una cifra no mucho más baja que el nivel del salario anual para los que se consideran que viven en la pobreza en Estados Unidos. Si le añade deportes exclusivos (un programa de deportes muy caro que involucra un alto cometido y viajes), pagará en algún momento entre mil y tres mil dólares al año por niño en cada deporte. Este tipo de compromiso financiero y de tiempo nos permite creer que hablamos en serio en cuanto al bienestar de nuestros hijos..

He aquí dos preguntas para considerar. Primera: *¿Participan los padres en esta excesiva actividad cada tarde porque eso es lo que quieren hacer?* Si bien la mayoría de los padres que conozco dirían que disfrutan viendo a sus hijos mostrar sus habilidades en el juego, en sus momentos más sinceros confesarían que este exceso es en realidad un sacrificio por amor del desarrollo de sus hijos. Si tiene un hijo que juega al béisbol, por ejemplo, es muy probable que tenga tres prácticas a la semana durante la hora de la cena y dos juegos a la semana, cinco tardes o noches cada semana para un hijo que solo participa en un deporte. El problema con los partidos de béisbol de los hijos es que ocupan más tiempo que otros deportes. Si su hijo juega el primer partido, tiene que estar en el campo a las cinco y media de la tarde y no termina hasta las siete y cuarenta y cinco de la noche y llega a casa a las ocho y media, siempre y cuando no pare a cenar por el camino. Si su hijo juega el segundo partido, que comienza alrededor de las ocho de la noche, usted llega allí a las siete y media y no termina hasta las diez y llega a casa a las diez y cuarenta y cinco de la noche. Resulta difícil creer que haya algún padre que disfrute de verdad esta forma de vida después de pasar una larga jornada de trabajo en la oficina o en la fábrica. Sin embargo, debido a la dedicación que le tenemos a nuestros hijos y a que no hay otro camino para alcanzar nuestras metas, lo permitimos.

He aquí la segunda pregunta para considerar: *¿Es esto lo que los hijos quieren en realidad?* Si bien a los niños les gusta jugar, y es evidente que disfrutan cierto nivel de deportes organizados, no puedo evitar pensar en que las cosas están descontroladas. Creo que los hijos prefieren estar con los amigos, tener tiempo menos estructurado, más tiempo con sus padres en la cena antes que verlos sentados en las bancas del campo mirando cómo juegan. Mientras escribo este capítulo, observo a mis tres hijos jugando con otros muchachos (todos de diferentes edades) en la nieve justo delante de la casa de unos amigos. Los padres no supervisan ni organizan la actividad; los chicos organizan el juego según se les ocurre a ellos. Han tenido una batalla con bolas de nieve, han hecho un muñeco de nieve y un fuerte de nieve. Acabo de confirmar con mi esposa que ya llevaban tres horas jugando fuera. Cuando les pregunto, aun a los adolescentes, su voto abrumador es por disponer de tiempo libre que no esté estructurado.

La manera en que las familias privilegiadas de las zonas residenciales crían a sus hijos surge del genuino amor que les tienen. Quizá en algunos casos se deba a los sentimientos de culpa que tienen por dedicar tantas horas al trabajo. Contar con dinero disponible y dos camionetas para llevar y traer hijos sostienen esta estrategia. Aunque es cierto que hay beneficios que se derivan de ello y buenos recuerdos, creo que esta estrategia les quita a nuestros hijos más que les da. Si en verdad queremos hacer alguna vez espacio para la vida, necesitamos volver a pensar con seriedad en la manera en que criamos a nuestros hijos. Si lo cree, ¿le gustaría unirse a personas como las de Ridgewood en hacer cambios motivados por ese mismo amor intenso por los hijos?

Mis opiniones sobre este capítulo

Discusión para grupos pequeños

- ❒ ¿Qué piensa sobre la idea de los residentes de Ridgewood de planear una noche libre? ¿Se imagina algo así en su propia comunidad? ¿Qué haría si todos tuvieran una noche libre?
- ❒ ¿Son el estilo de vida y el ritmo de los residentes de Ridgewood similares a los suyos? Pida a los miembros de su grupo que tienen hijos que hablen de sus horarios diarios y de la noche.
- ❒ El autor nos da tres motivaciones de por qué programamos tanta actividad para los hijos. Póngalas en el orden de importancia que cree que tengan. Explique por qué.
- ❒ Los hijos viven hoy con excesivos programas y horarios sobre cosas por hacer. ¿Es esto lo que quieren de verdad? ¿Es esto lo que quieren los padres en realidad? Explique sus ideas.
- ❒ Comente sobre la enseñanza principal que ha sacado de este capítulo.
- ❒ Identifique y exprese un paso de acción personal que va a dar para hacer más espacio para la vida.
- ❒ Ejercicio de edificación de la comunidad: Elijan una noche entre ahora y la próxima reunión en la que todos disfrutarán de una noche libre, como lo hicieron los residentes de Ridgewood. Hablen de sus experiencias en la siguiente reunión.

Medidas personales

CAPÍTULO 8

El arte perdido de jugar

Siete maneras en que pierden nuestros hijos

Crecí en la zona este del centro de la ciudad de Cleveland, en Ohio. Éramos una familia de clase media baja. Teníamos un auto que mi padre se llevaba para ir a trabajar. Parte de nuestras actividades como niños era jugar en el vecindario. No disponíamos de otras opciones. Una de nuestras actividades favoritas era jugar a policías y ladrones. No contábamos con mucho equipo ni armamento. Las pistolas las hacíamos nosotros mismos de madera o de cartón. No había piscinas en el vecindario, ni tampoco había cercas que separaran las casas y, por tanto, no había riesgo de posibles demandas judiciales. Recorríamos el vecindario, nos subíamos y nos escondíamos en los árboles y siempre discutíamos sobre quién había disparado primero y quién había matado a quién, y que el otro era el que tenía que caerse del árbol y hacerse el muerto.

Las horas pasaban sin darnos cuenta. Lo único que interrumpía el juego era la cena. Cuando el sol empezaba a descender sabíamos que había llegado la hora de regresar a casa. Todos nuestros padres eran obreros manuales que trabajaban largas horas y tenían buen apetito cuando llegaban a casa. La mamá servía la cena siempre a la misma hora. No se toleraba que se llegara tarde y, cuando sucedía, solía ir acompañado por un castigo paterno.

El equivalente actual es bastante impresionante. Cuando un niño cumple años, invita a todos sus amigos de los alrededores a su fiesta. La fiesta se celebra en un centro de atracciones escogido por el niño al que se le llama algo así como «Festival de Diversión». Cada niño invitado recibe una ficha (con un valor de cinco dólares) para jugar una ronda del juego láser. El juego láser desecha cualquier ejército del vecindario. Cada niño entra en un cuarto oscuro y le dan un chaleco, el cual incluye un blanco al que le dispara su oponente con una escopeta láser de alta tecnología. Los equipos se dividen en dos, a los cuales se les asignan empleados adultos. Durante quince o veinte minutos uno corre de un sitio a otro y se disparan unos a otros y a los objetos con el fin de acumular puntos. No hay debate ni conflicto sobre quién disparó a quién, el sistema computarizado láser arbitra esa parte del juego. Al final de la ronda cada niño recibe una impresión individualizada de la computadora que les da los puntos al equipo y a los individuos. ¡CARAMBA! Cuando niño, si me hubieran dado la opción de jugar en el ejército del vecindario en la avenida Dover o participar en el juego láser en el «Festival de Diversión», ¡habría escogido el del juego láser! Al menos lo haría la primera docena de veces. Después de eso, creo que podría haber optado por el ejército del vecindario. Sé que mi padre lo hubiera aprobado.

Siete pecados capitales

La manera suburbana estereotípica en que criamos a nuestros hijos está teniendo sus consecuencias, pues cometemos en su contra siete pecados capitales. Sacar a nuestros hijos del hogar al atardecer y primeras horas de la noche para llevarlos a actividades organizadas por adultos y muy estructuradas, tiene estos efectos negativos.

Pérdida de creatividad

Debido a que los adultos son los que organizan la mayoría de estas actividades, los hijos han perdido el arte de jugar y la creatividad en el juego. Si un niño ha crecido en estas excesivas y estructuradas actividades de la tarde, están muy mal preparados para saber qué hacer si tienen tiempo libre. Como resulta que compramos casas en las que guardamos todas nuestras cosas, y no hogares ubicados en calles de vecindarios tranquilos y seguros, muchos de nuestros niños no pueden salir a la calle para jugar con otros niños del vecindario. En los Estados Unidos lo más probable es que no conozcamos lo suficiente a nuestros vecinos como para sentirnos cómodos en permitir que nuestros hijos salgan a la calle a jugar con otros niños. De modo que no tienen otra que encerrarse en sus cuartos y mirar la televisión o jugar los juegos de vídeo. Los padres saben que eso no es bueno, de manera que hacen todo lo que sus recursos les permiten hacer. ¿El resultado? Que los niños de hoy no son tan creativos como lo eran los de anteriores generaciones.

Pérdida de habilidades de liderazgo

Jill Steinberg, especialista asociada en el desarrollo del niño de la Universidad de Wisconsin, en Madison, escribe lo siguiente:

> Muchas de las actividades a las que tienen acceso los niños están muy estructuradas y no lo han hecho ellos, sino los adultos, o las reglas del juego. Por lo general, a los niños les gusta dirigir sus propios juegos si los dejan hacerlo. Sin embargo, los hemos metido en situaciones muy estructuradas en las escuelas preescolares y escolares. De manera que tienen muy pocas oportunidades para dirigir solos sus propias actividades. Con todo, estas son experiencias importantes. Al dirigir la actividad uno aprende la manera de negociar las reglas del juego. Aprende a arbitrarse uno mismo. Aprende a controlar las situaciones y practicar el liderazgo[40].

La intención del estilo actual de participación paterna en las zonas suburbanas es mostrar dedicación, pero hemos fallado al ver que nuestra estrategia priva a nuestros niños de desarrollar la habilidad del liderazgo.

Pérdida de consejería

Crecí junto con un hermano cinco años mayor que yo. Si bien es cierto que hubo algunas veces que le arrojé objetos por meterse conmigo, le imitaba en casi todo. Cuando los chicos del vecindario organizaban un partido de béisbol en el estacionamiento del mercado campesino, mi hermano solía ser el capitán por ser el mayor. Y recuerdo que siempre se aseguraba que a mí me eligieran para formar parte de unos de los equipos, aunque yo tenía poco que ofrecer. Le observaba, le imitaba y sencillamente quería ser como él. Debido a que el béisbol requiere la participación de bastantes jugadores, nuestros equipos incluían niños de varias edades. Estos juegos organizados y dirigidos por los chicos del vecindario ofrecían muchas oportunidades para dirigir y enseñar. Aunque es cierto que no todas las cosas que observé eran buenas ni lo mejor, en la mayoría de los casos la experiencia fue bastante positiva. (Lo mismo es cierto en el mundo de la consejería de adultos). Si alguna cosa se salía del cauce normal, la noticia llegaba muy pronto a los padres, que intervenían de inmediato y se inculcaba el temor de Dios, al menos en mi casa.

Recuerdo una tarde que andaba con un amigo de mi misma edad en el estacionamiento del mercado. Un chico de más edad se nos acercó con una propuesta. Por cada pelota que fuéramos capaces de lanzar por encima de la cerca nos daría un dólar, y por cada pelota que él lanzara por encima de la cerca, nosotros le daríamos cincuenta centavos. Eso hubiera sido un buen negocio si hubiéramos podido hacerlo, pero ni mi amigo ni yo lo logramos ni una sola vez. En quince o veinte minutos teníamos ya una deuda de quince dólares. A ustedes quizá les parezca hoy que eso no es mucho dinero, pero en aquel tiempo era una media fortuna para nosotros. Le dije a mi acreedor que necesitaba ir a casa para buscar el dinero, aunque no tenía ninguna intención de regresar. Me escondí en el último rincón de mi casa y me puse a orar. Al cabo de una hora escuché la voz de mi padre llamándome. Como sucede en los vecindarios en los que en realidad la mayoría de la gente pasa su tiempo libre en casa, también hay una red de relaciones que te impide esconderte y desaparecer. Mi padre le pagó al otro chico gran parte de la deuda ($7,50). Mientras mi hermano observaba, movía la cabeza y se reía, me decía con la mirada de sus ojos: *Si hubiera estado allí, eso nunca habría ocurrido.* Por supuesto, nunca volvió a suceder.

Hoy, la mayoría de los niños solo juega con otros de su edad bajo un concepto que podría llamarse «amistades arregladas». Sabemos de matrimonios arreglados, pues bien, esto es algo parecido. Para que una niña de siete años juegue con otra niña de siete años en una zona suburbana, los «arreglos» los tienen que hacer los adultos. Se llaman por teléfono un día antes y se establecen los detalles de llevar y traer a las hijas. Debido a que estos arreglos a menudo requieren llevar a los hijos en auto hasta el otro lado de la ciudad, sale a relucir con cierta frecuencia el asunto de pasar la noche juntos, que también lo arreglan los adultos. Este sistema de dirección de adultos a menudo requiere el compromiso de organizar horarios e idas y venidas por parte de los padres y elimina por completo el gran valor que viene como consecuencia de la interacción propia de niños de la misma generación que hacen sus propios planes y arreglos. ¡Qué pena!

Debido a que los niños de hoy casi nunca acostumbran a jugar con otros niños de su edad, solo conocen a adultos de edad aproximada a la de sus padres. Esto es también muy desafortunado, como también perjudicial en potencia. Algunas de las relaciones más significativas y las oportunidades de guiar con más eficiencia vienen con los de las «edades intermedias». Por ejemplo, mi hija ha crecido relacionándose, escuchando música, yendo de vacaciones, compartiendo comidas y participando en actividades con grupos familiares del vecindario de adultos e hijos de todas las edades. Ha desarrollado relaciones importantes con otras chicas que son entre tres y diez años más jóvenes que ella. Eso es algo bellísimo. Le proporciona a mi hija oportunidades estupendas de aconsejar. Esa comunidad de varias generaciones ha capacitado a mi hija para crecer junto con abuelos, tías y tíos espirituales. A la vez, mi esposa y yo tenemos sobrinos y sobrinas de todas las edades.

Puede identificar con cierta facilidad a un niño que se alimenta de una dieta desequilibrada de amistades de la misma edad y sexo. Sus características comunes son su intolerancia hacia niños de otras edades y mostrar cierta incapacidad para entablar una conversación con adultos, así como un alto nivel de incomodidad para la interacción con los adultos. Por lo general, no saben compartir y pueden ser groseros. Según mis cálculos, este es un resultado directo de una estrategia intencional de los padres. El estilo de vida que muchos han seleccionado para sus hijos los priva de las oportunidades de experimentar y cultivar relaciones ricas al ser consejeros intergeneracionales.

Pérdida de habilidades para manejar conflictos

En la misma línea que en la pérdida de habilidades de liderazgo, las actividades manejadas, estructuradas y arbitradas por los adultos disminuyen las oportunidades de los hijos para desarrollar sus habilidades de manejo de conflictos. Si surge un conflicto o riña en el campo de juego, los adultos saltan de inmediato al campo. A veces manejan bien la situación; muchas veces la manejan bastante mal, lo que demuestra que ellos mismos no han aprendido mucho acerca del manejo de conflictos. Varias veces he visto a los padres gritando a ambos lados del campo o de forma directa unos a otros en el campo de fútbol o de béisbol. Hubo un caso de un padre que mató a otro después de discutir sobre el mal comportamiento de sus hijos en el campo[41]. Esta clase de ejemplo tan malo deja huellas muy negativas de resolución de conflictos en los cerebros de los hijos que los dañarán mucho después en la vida.

En juegos no organizados, con los adultos cerca pero no en control, pone a los hijos en la posición de resolver los conflictos, al menos en relación con el millón de escaramuzas diarias que surgen cada día. Si un niño en un círculo de amigos continúa abusando del grupo y no muestra señales de cambiar su comportamiento, quedará al final arrinconado o no le invitarán a jugar más con ellos. No obstante, si les damos la oportunidad, los hijos aprenderán a resolver sus conflictos en la calle, en la escuela o en un campo de fútbol. Eso les ayudará mucho en la vida más tarde. Por supuesto, la dirección y el ejemplo de los padres son parte esencial de la ecuación. Aun así, eso no es lo mismo que dirigir y controlar la solución de los conflictos.

Pérdida de salud

El médico Paul Rosch escribe: «La niñez, como antes la considerábamos, está desapareciendo con rapidez. Hay cada vez menos tiempo para jugar con otros, y para aprender a cómo desarrollar amistades y habilidades sociales»[42]. No solo estoy de acuerdo en principio, sino que lo he visto con mis propios ojos. Hay una cierta tristeza, y para algunos como un estado autómata, en los niños de hoy. El misterio y la maravilla de ser niño parece que pierde terreno.

Un nuevo campo de estudio ha surgido y crecido en los últimos diez años. ¿Su tema? Los niños y el estrés. Un editor de la revista *Healthy Kids* escribe: «Ya sea que vayan a la carrera al jardín de infantes, a preescolares, a actividades después de la escuela o deportivas, muchos niños de hoy están sobrecargados de programación. Si bien es cierto que se benefician de una variedad de actividades, los niños pueden sufrir de agotamiento y de exceso de actividades, y experimentar estrés como los adultos»[43].

El apóstol Pablo, autor de trece de los libros del Nuevo Testamento, escribe estas importantes e inspiradas palabras muy apropiadas para los padres de hoy: «"Todo me está permitido", pero no todo es para mi bien» (1 Corintios 6:12). Las diversas actividades que arreglamos para nuestros hijos no son inmorales y, sin duda, son permisibles para los padres cristianos; pero no todo en lo que involucramos a nuestros hijos es benéfico para ellos. En realidad, si lo llevamos demasiado lejos, que es el caso de muchos niños hoy, puede tener efectos negativos a largo plazo para su salud física y emocional.

Su hijo de cuatro años comienza su tiempo de preescolar a las nueve de la mañana; a la una de la tarde tiene un juego; a las tres de la tarde tiene una cita con el dentista y lecciones de kárate a las cuatro y media de la tarde. El sicólogo de niños David Elkind nos ofrece la siguiente observación en cuanto a este escenario: «A veces la lista de cosas para hacer de los niños parecen estar tan llena como las de los adultos». Luego continúa con el siguiente consejo: «La excesiva programación es una de las causas principales de estrés en los niños [...] En ese ajetreo y bullicio, los niños se pueden perder dos cosas muy importantes: Tiempo familiar y hora de recreo»[44].

La mayoría de los padres que conozco, incluidos mi esposa y yo, solo tienen buenas intenciones en cuanto a sus hijos, pero sin darse cuenta están metiendo a sus hijos en la misma clase de estrés que sufren ellos. Y, como hemos visto en capítulos anteriores, tiene unos efectos muy negativos en lo físico y en lo emocional sobre nuestras vidas. Hoy sabemos que el estrés es uno de los elementos clave que estimulan el cáncer. Ese solo factor debiera hacernos parar y repensar la manera en que enfocamos el programa de nuestros hijos. Debido a que los iniciamos tan temprano en este desenfreno del estrés, el resultado promete ser más devastador, un Armagedón que nosotros mismos nos lo buscamos.

Pérdida de finanzas

Ya he indicado que hace falta bastante dinero para financiar este paradigma de vida de familia. El costo de adquirir y mantener varios vehículos familiares (incluyendo la gasolina para usarlos); el costo de las cuotas y equipos para participar en los deportes; el costo de comprar cenas rápidas; y otros gastos misceláneos, deben contabilizarse en un paquete. Entonces, ¿qué tiene eso que ver con el efecto negativo de ese estilo de vida sobre nuestros hijos? Varias cosas vienen a la mente, pero me enfocaré en lo que veo como la principal preocupación.

Costear todas las actividades de los hijos puede causar mucho estrés en los padres que tienen que sostenerlas. En el tiempo de Navidad los padres estadounidenses luchan a menudo para mantenerse dentro de un presupuesto que sea razonable con los ingresos disponibles. Los padres luchan a menudo para frenar las compras excesivas, pues quieren que sus hijos tengan una gran Navidad. El estrés se convierte en una realidad cuando llegan los estados de cuentas de las tarjetas de crédito en diciembre y enero.

El mismo estrés se presenta como resultado de lo difícil que es decir no a las muchas actividades que nos proponen para nuestros hijos. Una vez que el mundo de nuestros hijos está montado de esta manera, resulta difícil salir de ahí, al menos en parte porque no parece que haya otras opciones. Si nos salimos y luego no estamos bien convencidos de que el otro camino sea mejor en verdad, puede resultar difícil reentrar al estilo de vida anterior que abandonamos. El lugar de nuestros hijos en el equipo ya lo ocupan otros, o quizá estén retrasados en el desarrollo en comparación con otros niños y encuentran que es más difícil tener éxito o participar en esas actividades.

A la mayoría de los padres les resulta difícil aceptar estos riesgos. Así que los pobres viven con el estrés de tener que costear todos esos gastos. Debido a que este enfoque presupuestario no lo pueden sostener las familias en las que trabaja uno solo, eso a menudo termina siendo un factor en la decisión de que ambos padres trabajen fuera del hogar. Cuando eso sucede, los padres con frecuencia no pueden estar presentes en las actividades, lo cual casi garantiza el consumo diario de comidas rápidas en vez de cenas nutritivas en familia que satisfagan de verdad a la familia. Eso a la vez crea un caos de horarios, lo que eleva el nivel de tensión entre el padre, la madre y los hijos. Es evidente que el estrés causado por la carga económica lo sienten los hijos. Muchos de nosotros sabemos que esas discusiones y tensiones entre los padres es un causante principal de estrés para los hijos que observan lo que está pasando.

Un simple juego de béisbol a las siete de la noche es apenas una compensación justa por la cantidad de órdenes impacientes que se le gritan al hijo para que llegue a tiempo a la actividad. Me imagino que tampoco resulta muy divertido para los padres. No, ¡por experiencia sé que no lo es! Y después de decir todo esto, no tengo ni idea de cómo un padre soltero puede meterse en este juego; no obstante, estoy muy asombrado de que muchos lo hacen.

Jesús nos da un consejo a considerar: «Supongamos que alguno de ustedes quiere construir una torre. ¿Acaso no se sienta primero a calcular el costo, para ver si tiene suficiente dinero para terminarla?» (Lucas 14:28). El costo real no solo involucra dinero, sino también tiempo. Fallar en prestarle la debida atención al costo, complicado con no estar dispuesto a salirse, puede hacer que el costo se eleve mucho en términos de estrés y caos que destrozan el mundo de nuestros hijos.

Pérdida de comidas familiares

Es posible que el peor de todos estos pecados no sea lo que les ocasiona el exceso de actividades a los hijos, sino también de lo que les priva. En mi estudio durante una década de la comunidad humana, he descubierto que una de las mejores cosas que puede hacer por sus hijos es tener una buena cena familiar, con alimento completo y balanceado y una conversación que sea franca y larga. Tan convencido estoy de esta actividad que he dedicado todo el capítulo 10 a hablar sobre esto.

Cuando era un niño, mi madre se encargaba de hacer la cena y la tenía dispuesta en la mesa siempre a la misma hora. Jugaba al béisbol durante el verano y no recuerdo que nuestros juegos interfirieran jamás con la cena. No recuerdo que nuestros padres nos llevaran nunca a comprar cenas rápidas por la ventana para autos de este tipo de restaurante por amor de la conveniencia. Hoy, las actividades de los hijos no tienen ninguna consideración por el tiempo de cena familiar.

La cena familiar no se logra teniendo un simple alimento disponible para cada uno en la familia y luego ver la televisión o marcharse a diferentes cuartos a comer. Tampoco es sentar a todos juntos alrededor de una mesa, aunque este es desde luego un requisito básico. Llevar a cabo cenas familiares es un arte perdido. Es el momento clave del día, el lugar en el que todos en la familia, y a menudo los amigos, se sientan y hablan, comentan sobre el día y cuentan sus experiencias. La mesa es el corazón de la comunidad. Sin embargo, la mayoría de las familias luchan por tener juntos una cena una semana, y cuando lo hacen, se sienten torpes, sin saber qué hacer; y, por lo tanto, no se animan mucho a repetir la experiencia.

He tratado de demostrar en este capítulo que el programa sobrecargado, que es fruto de muy buenas intenciones, resulta al final muy perjudicial para nuestros hijos. No solo provoca estrés, sino que también les priva de la experiencia del requerimiento de relaciones del que hablamos en el capítulo 2. Si de verdad amamos a nuestros hijos y queremos lo mejor para ellos y creemos que hay validez en lo que hemos presentado en este capítulo, tenemos que hacer cambios.

Estoy convencido de que el modelo hebreo de planificación del día (explicado en el capítulo 5) nos brinda los lineamientos para este cambio. Esto es lo que significa en pocas palabras: Como regla general, todas las actividades de los niños tienen lugar de lunes a sábado de seis de la mañana a seis de la tarde. Después de ese período, cesa el trabajo, no solo para los hijos, sino también para los padres. Cada noche la familia disfruta de una cena juntos, con amigos invitados de vez en cuando. El financiamiento de estas comidas proviene de una pequeña parte del dinero que se ahorra cancelando todas las actividades anteriores. Durante la cena, la familia y los amigos comentan los detalles de su día, ríen juntos, comen los alimentos con lentitud y cuentan experiencias. Todos ayudan a recoger la mesa, platos y cubiertos como una extensión de la fiesta. Después de la cena, a menudo sigue la conversación. Puede que algunos vayan a dar un paseo, quizá lean un libro en voz alta o en privado en la presencia de otros, o que jueguen juegos de mesa o toquen instrumentos musicales, y sí, algunos pueden ver la televisión durante un rato. Alrededor de las diez de la noche, cada uno en la familia, sin faltar nadie, se acurruca bajo las sábanas para una noche feliz de descanso, anticipando con emoción las experiencias que podrán contar al día siguiente en la novela que desarrollan de la vida familiar.

Mis opiniones sobre este capítulo

Discusión para grupos pequeños

- ❒ Discutan los cambios que han tenido en las actividades y los programas de los pequeños desde que eran niños. ¿Creen que las cosas son ahora mejores, peores o iguales? Explíquenlo.

- ❒ Este capítulo presenta siete maneras en que nuestros hijos pierden hoy experiencias valiosas de formación del carácter. Invite a cada miembro del grupo a elegir una esfera con la que se sienta más relacionado y que comenten un poco sobre el porqué o que quizá den un ejemplo de cómo eso afecta a nuestros hijos.

  _____ Pérdida de creatividad
  _____ Pérdida de habilidades de liderazgo
  _____ Pérdida de consejería
  _____ Pérdida de habilidades para manejar conflictos
  _____ Pérdida de salud
  _____ Pérdida de finanzas
  _____ Pérdida de comidas familiares

- ❒ Vuelvan ahora a las siete maneras en que pierden nuestros hijos y conviértanlo en positivo, es decir, en siete maneras en que nuestros hijos pueden ganar. Ejemplo: Cambien «Pérdida de creatividad» en «Ganar creatividad». Identifiquen al menos una medida personal para cada una de las siete (por ejemplo, cómo un juego de baloncesto del vecindario puede enseñar habilidades para aconsejar y de liderazgo). Piense en pedirle a alguien que escriba y compile todas las ideas en una página a fin de comunicárselas a todos los presentes.

- ❒ Comente sobre la enseñanza principal que ha sacado de este capítulo.

- ❐ Identifique y exprese un paso de acción personal que va a dar para hacer más espacio para la vida.

- ❐ Ejercicio de edificación de la comunidad: Pida a cada uno de los participantes que identifique una de las ideas de las que han hablado sobre cómo nuestros hijos pueden ganar, y pídales que la practiquen antes de la siguiente reunión. Hable de su propia experiencia en la próxima reunión. (Si no tiene hijos, piense en hacerlo con los nietos, sobrinos y sobrinas, o con niños en el vecindario o en la iglesia).

Medidas personales

PARTE

4

LOS CONSEJOS ÚTILES:

Pasos prácticos para hacerle espacio a la vida

La visión de «hacer espacio para la vida» contiene la promesa de una vida mejor, ¿pero puede suceder en verdad o es solo un sueño? Los capítulos que está a punto de leer le aportarán ideas prácticas sobre cómo hacerlo realidad. Pase la página y prepárese para la acción.

CAPÍTULO 9

Diez principios de productividad

Hagamos el trabajo en el trabajo

Noche tras noche un hombre llega a su hogar con un portafolio en la mano lleno de trabajo. Una tarde cuando entraba en el hogar con el portafolio repleto de documentos, su pequeño hijo se dirigió a la mamá y le preguntó:

—¿Por qué papá siempre tiene trabajo que hacer cuando llega a casa?

—Porque papá no puede terminar todo su trabajo en la oficina —le respondió la mamá.

—¿Por qué no ponen a papá en la clase de los lentos? —volvió a preguntar el niño con inocencia.

En el capítulo 5 ya establecimos que el trabajo es una parte muy importante de nuestra vida. Es algo bueno y es de Dios. Sin embargo, nuestro trabajo debemos mantenerlo en equilibrio con el tiempo que dedicamos a las relaciones y al descanso a fin de vivir de una forma sana y feliz. James Patterson, en su inspiradora novela *Suzanne's Diary for Nicholas*, que es la historia de una ocupada madre y médica llamada Suzanne, que tiene una enfermedad terminal debido a una condición del corazón, nos cuenta cómo Suzanne establece cambios importantes en su vida de manera que equilibra el trabajo con las relaciones. Como se esperaba, muere a una edad joven, y pasado un tiempo el esposo se vuelve a casar. La nueva esposa encuentra un diario que Suzanne escribía para su hijo Nicholas. En ese diario lee estas sabias palabras:

> Imagínese que la vida es un juego de malabarismo en el que se esfuerza por mantener cinco bolas en el aire. Esas bolas podemos llamarlas trabajo, familia, salud, amigos e integridad. Y procura que no se le caiga ninguna. Entonces un día se da cuenta al fin de que el trabajo es una bola de goma. Si se le cae, rebota y vuelve a usted. Las otras cuatro bolas: familia, salud, amigos e integridad, son de cristal. Si se le cae una de estas quedará marcada, agrietada o quizá hasta quebrada de forma irremediable. Y una vez que entiende de verdad la lección de las cinco bolas, tendrá el comienzo de una vida equilibrada[45].

La planificación hebrea del día sugiere que contamos con doce horas disponibles para el trabajo, que comienzan cuando se levanta de la cama y terminan cuando llega a casa. Eso quiere decir que cincuenta por ciento del tiempo en un día de veinticuatro horas está disponible para el trabajo y la productividad, lo que parece ser una porción razonable y generosa de tiempo. Sin embargo, el trabajo es una de las principales aves de rapiña de la comunidad (la primera o segunda en la excesiva programación de nuestras horas de la noche con actividades de los hijos); se apropia de esas pocas y preciosas horas de la noche cuando podemos disfrutar con nuestro círculo familiar y de amigos. Tengo la esperanza de que ahora ya esté bien convencido de que este círculo de interacción social es muy importante para su vida.

¿Es de verdad posible que podamos aprender a terminar nuestro trabajo en este tiempo? Me gustaría sugerir algunos principios prácticos de productividad que le pueden ayudar a que se haga una realidad para usted. Tenga en cuenta que estos principios hay que aprenderlos y aplicarlos como es debido a fin de obtener todo su beneficio. Recordemos también que no todos los principios se ajustan a todos, dada la clase de trabajo que ahora tiene. Por tanto, quizá quiera establecer las prioridades que más le ayuden a implementarlos, comenzando con el que puede tener el mayor efecto, dada su situación.

El principio de establecer metas

Establecer metas para el trabajo y la carrera es una espada de dos filos. Es evidente que crea motivación para la productividad y la eficiencia, y también puede proveer límites. Cuando vamos a trabajar con metas bien definidas, tenemos cosas específicas para realizar. Estamos bien enfocados. Cuando esto lo llevamos a cabo en un tiempo razonable, podemos controlar nuestro tiempo para no quemar la vela por ambos extremos al final del día.

El establecimiento eficaz de metas no termina con fijar una meta, sino que también incluye los pasos lógicos necesarios para alcanzarla. Cuando establecemos pasos más específicos, no tenemos que sentirnos abrumados en cuanto al logro de la meta.

Alguien dijo con mucha sabiduría que «un viaje de un millón de kilómetros comienza con un paso». He descubierto que las personas que tienen metas elevadas, pero que han fallado al dividirlas en pasos pequeños diarios, van de un lado al otro durante el día. Esta planificación deficiente suele causar estrés porque termina resultando que el trabajo hay que finalizarlo en un tiempo demasiado corto. Sin duda, las metas bien definidas pueden ayudarle no solo a terminar su trabajo, sino también a hacer que llegue a casa a tiempo.

Si trabaja para alguien, debiera revisar estas metas con su supervisor para estar seguro de que los dos están de acuerdo en cuanto a producción, cantidad y calidad. Asegúrese también de aclarar que está muy interesado en el éxito de la empresa, pero que también quiere equilibrar su trabajo con su compromiso con la familia y los amigos. Explique su deseo de estar en casa a las seis de la tarde cada día. Establecer metas bien definidas y medir luego su progreso en el logro de estas metas debiera ayudar a su supervisor a trabajar con usted en la realización de esta visión equilibrada.

Trabajo para una iglesia con una junta de ancianos compuesta entre siete a nueve miembros. A lo largo de los años hemos ido pasando a un sistema de responsabilidad mediante metas, antes que por horas de reloj. Al comienzo del año, presento una lista de metas que voy a procurar llevar a cabo. Una vez aprobada, me pongo a trabajar. Tengo ahora la libertad de administrar mi trabajo de tal forma que puedo proveer de un servicio excelente y llevar un ritmo de trabajo que me asegura del tiempo para una dosis saludable de conversación y vida comunitaria. Por ejemplo, hemos establecido con tiempo que predicaré treinta y cinco de los cincuenta y dos domingos del año. En cada una de esas treinta y cinco semanas se espera que la preparación de sermones de calidad sea la primera prioridad.

El principio de la lista de cosas para hacer

El contar con metas aprobadas por su supervisor, acompañadas del intento de alcanzarlas con excelencia y en el tiempo oportuno, brinda la oportunidad de que pueda llegar a casa a las seis de la tarde o antes. Sin embargo, debemos ir un paso más allá. Con antelación de un día, y aun de una semana, debemos crear una lista diaria de cosas pendientes relacionadas con estas metas.

Durante años, un miembro de mi congregación ha vivido con fidelidad el concepto de la planificación hebrea del día. Una de las cosas que ha hecho de forma magistral es escribir las tres cosas principales que deben quedar hechas al día siguiente durante las horas de trabajo. No usa un cuaderno de notas, sino una simple y pequeña ficha. Cuando termina con esas tres cosas, termina el día para él. Debido a que estas tres cosas las elige con cuidado y a que es muy disciplinado, no parece que tenga dificultades cuando llegan las seis de la tarde. Es más, la mayoría de los días termina a las doce del mediodía. Después de conocer a este hombre durante veinte años, creo que quizá sea la persona con menos estrés que conozca.

Tenga cuidado en no descartar este principio porque considere que no cuenta con esta clase de libertad. Todos podemos aprender de este principio de productividad, sin importar el trabajo que tengamos. Mencioné antes que tengo una meta aprobada por el consejo de ancianos de mi iglesia de predicar un mínimo de treinta y cinco semanas al año. Debido a que esa es mi responsabilidad número uno, es lo primero que aparece en mi lista de cosas por hacer cada lunes por la mañana. Me quedo en casa con el fin de evitar conversaciones muy estimulantes con los miembros del equipo ministerial. Ocho de cada diez veces, el sermón queda terminado a las seis de la tarde, de ese día de trabajo. Y al menos cinco de estas ocasiones, el sermón se termina para las dos de la tarde. Pasé los primeros ocho años de mi ministerio pastoral con un programa de trabajo que hacía que llegara a casa cada día bien pasadas las seis de la tarde y que me dejara agotado para el fin de semana y, por ende, a menudo sin los sermones preparados. La ironía era que el domingo por la mañana me paraba en el púlpito para decirle a mi congregación cómo vivir la vida cristiana y, no obstante, de lunes a sábado por la noche mi actitud les indicaba que sabía muy poco sobre el asunto.

Escribir una lista de cosas para hacer es una práctica antigua que la mayoría de mis amigos y conocidos no la practican muy bien. Sin embargo, la meta de este libro no es convertirle en un experto en establecer listas bien elaboradas de cosas para hacer el día antes con el propósito de hacer más trabajo en un día determinado. Más bien la meta es ser mayordomos responsables ante Dios, nuestro Jefe y Supervisor, y ante nuestra familia, siendo productivos durante las horas de trabajo, a fin de disfrutar de las horas de relaciones (de seis de la tarde a diez de la noche) sin sentirse culpable de no haber cumplido con la tarea.

El principio de las cuatro horas

Los especialistas nos dicen que los más talentosos de nosotros solo disponen de un total de cuatro horas para realizar un trabajo eficiente en cualquier día determinado. Si bien podemos pasar ocho, diez o doce horas en la oficina, cuando se separa toda la paja del grano puro, solo quedan sobre la mesa cuatro horas de labor productiva de verdad. (En lo personal, pienso que puede que cuatro horas sea un poco generoso).

¿Cómo nos ayuda este principio a vivir la planificación hebrea del día de forma más consecuente? Si lo adoptamos, desaparece la idea de que pasar más tiempo en la oficina es la solución para nuestros problemas de productividad. Muchas personas creen que dan muestras de que toman su empleo muy en serio si se quedan muchas horas en el centro de trabajo. Eso no es cierto. Por el contrario, debiéramos procurar consolidar nuestras cuatro horas de trabajo eficiente dentro del período más ajustado posible, lo cual se puede conseguir bien en un tiempo de seis a ocho horas.

El principio del talento

Uno de estos dos principios parece que está en marcha: (1) A causa de que hay campos de mi trabajo para las que no estoy dotado, el tiempo se va en mis esferas débiles y rara vez llego a hacer aquello para lo que estoy más capacitado. (2) Mi tiempo se pasa en aquello para lo que estoy más dotado y apasionado, pero debido a que mi trabajo es más que eso, me retraso y me agoto muy a menudo. Cada uno de estos escenarios puede dejar a la persona sintiéndose sobrecargada y abrumada. A fin de equilibrar su trabajo con sus relaciones y tiempo para dormir, tiene que encontrar alguna solución.

La solución ideal es definir todo lo que pueda de su trabajo en la esfera en la que es más hábil. El pensamiento es simple: Es más valioso y productivo cuando trabaja en el campo para el que tiene más talento. La segunda justificación es que se siente más satisfecho y eficiente cuando trabaja dentro del ámbito de sus habilidades.

Este es el reto con este principio: ¿Cómo identificar el centro de sus habilidades y encontrar un trabajo que necesita lo que hace mejor y le paga un salario apropiado por hacerlo? Si es capaz de poner en práctica este principio, debiera entrar cada domingo a la adoración comunitaria con un corazón agradecido, dispuesto a expresar su adoración y a entregarle a Dios sus ofrendas, porque muy pocas personas son capaces de lograr que este principio resulte para ellos.

Sin embargo, debe ser cuidadoso en poner límites a la cantidad de trabajo que lleva a cabo bajo este arreglo. Mientras más pasión sienta por su trabajo y más elogios reciba de otros, mayor será la tentación de extender el tiempo que le dedica. Nuestra naturaleza humana nos impulsa hacia la tarea en que nos sentimos más competentes. Si en el presente se siente raro y con poco éxito alrededor de su familia, quizá se deba a que está evitando los encuentros de relaciones recomendados por la planificación hebrea del día. Esto no debiera animarnos a alejarnos del principio del talento, pero sí debiéramos usarlo con sabiduría a fin de establecer un buen equilibrio en nuestras vidas.

La aplicación de estos cuatro primeros principios de productividad quedaría de esta manera: (1) Debemos procurar trabajar durante la parte principal de nuestro día dentro de nuestra esfera de mayor habilidad; (2) debemos establecer nuestras metas de mutuo acuerdo con nuestro supervisor o junta directiva; (3) el día antes de ir a trabajar, debemos establecer con claridad las tres o cuatro cosas que necesitamos hacer para alcanzar nuestras metas; y (4) lo que planeamos llevar a cabo debiera ser posible lograrlo en cuatro horas, dejando el resto del tiempo si es necesario para distracciones inaplazables, descansos y requerimientos administrativos.

El principio de la delegación y del trabajo en equipo

Este principio de productividad, si lo aplicamos con eficacia, nos puede ayudar a lograr hacer todo el trabajo necesario dentro del tiempo apropiado asignado (seis de la mañana a seis de la tarde). Si el trabajo en equipo pudiera formarse sobre la base de un buen equilibrio de talentos, y cada uno conociera y respetara los dones de los demás y su contribución única, se podría hacer más trabajo en menos tiempo.

Hace falta que sucedan tres cosas para que se active este principio. Primera, debemos conocer nuestros dones y competencias. Segundo, debemos conocer los dones y las competencias de cada persona en nuestro equipo. Tercera, debemos organizar y delegar el trabajo que hay que hacer según las habilidades y la dedicación al trabajo del equipo. Sería muy sabio para cada equipo descubrir y aplicar estos pasos necesarios. Cuando se aplican, este plan genera gran productividad.

Mi experiencia es que cada equipo eficiente necesita tres clases de obreros: los influyentes, los contribuidores y los directores. Los influyentes crean y aportan visión. Los contribuidores hacen el trabajo de primera línea. Los directores preparan, equipan y apoyan al equipo de contribuidores para llevar a cabo el trabajo que hay que hacer. Cuando un equipo emplea a las personas conforme a su diseño, la productividad llega a su máximo. Cuando las personas se encuentran fuera de su campo de más habilidad, ningún número de horas invertidas hará que un equipo experimente viabilidad económica o misionera a largo plazo.

El principio de identidad posicional

La película clásica *Carros de Fuego* nos cuenta la historia de dos hombres que compitieron en las Olimpiadas de verano de 1924 y ganaron medallas de oro (Harold Abrahams en los 100 m y Eric Liddell en los 400 m). Sin embargo, cada uno corrió por razones diferentes. Abrahams corría para demostrarse a sí mismo y a todo el mundo que era alguien al que había que tomar en serio. Esto es comprensible, dadas las dificultades que los judíos tenían en que se aceptaran en las culturas cristianas de 1930. Esa era una forma de vivir de mucho estrés. Eric Liddell, por otro lado, corría para expresar lo que era. Se cuenta que dijo: «Cuando corro, siento el placer de Dios».

Liddell está expresando uno de los mayores beneficios de la vida cristiana: El principio de la identidad posicional. Este axioma de la fe se edifica sobre el fundamento de que cuando una persona cree y recibe a Jesucristo como su Salvador, se convierte en un hijo de Dios (Juan 1:12). Esta nueva identidad no se concede debido a nuestra actuación, sino por la actuación perfecta de Jesús a nuestro favor (Juan 3:16; Efesios 2:8-9). Si el discípulo cristiano llega a entender y aceptar este principio como una forma de vida, influirá en gran medida en el trabajo de su vida. Cada mañana cuando nos levantamos para enfrentar el día, el asunto de *quiénes somos* no está a la disposición. Nuestra misión consiste en *expresa*r quiénes somos, no en *demostrar* a otros quiénes somos.

¿Cómo actúa este principio para que seamos más productivos? Cuando una persona está segura de quién es y busca expresarlo de forma positiva mediante su trabajo, hay una mayor posibilidad de evitar la adicción al trabajo, el elogio o la competencia, así como a escalar de forma poco saludable la escalera corporativa en una esfera fuera de nuestros mejores dones. Para los que buscan en el trabajo un sentido de identidad (en vez de expresar su identidad mediante el trabajo), sus vidas pueden ser tan dignas de lástima como las de los perros que piden las migajas de la mesa. Es una meta bien triste. Muchas personas en esta posición, o falta de posición, luchan por mantener el trabajo de su vida en equilibrio con el cultivo de las relaciones y conseguir el descanso necesario.

El principio de reducción de viajes de ida y vuelta

La planificación hebrea del día invita a que la producción se realice entre las seis de la mañana y las seis de la tarde, incluyéndose en este tiempo los viajes de ida al trabajo y regreso a casa. En un tiempo cuando muchas personas emplean una hora para ir a trabajar y otro tanto para regresar, resulta difícil esperar que pueda estar en casa a las seis de la tarde. Veo cinco posibles soluciones:

Mudarse más cerca del trabajo

En los últimos catorce años nuestra familia se ha comprometido a tener en cuenta el lugar del trabajo a la hora de elegir una casa. Hemos vivido en dos lugares en la misma ciudad durante esos años, y en ambos casos la casa estaba a menos de ocho kilómetros de la oficina. Esto no solo ha reducido el estrés y los enojos de la congestión del tránsito, sino que también me ha permitido disponer de una a tres horas diarias más para el trabajo, o hasta de quince horas a la semana.

Ir y salir del trabajo cuando el tránsito es menor

En mi ciudad, si quiere dirigirse a Dallas desde Arlington, tiene que salir antes de las seis y media de la mañana o después de las ocho y cuarenta y cinco de la mañana. El mismo principio se aplica a la hora del regreso a casa: Salga a las cuatro de la tarde o antes, o espere hasta las seis y media de la tarde. Por supuesto, estoy en favor de salir antes y llegar temprano a casa a fin de cumplir con lo establecido en la planificación hebrea del día. Hable con su supervisor para ver si puede llegar a un arreglo que sea conveniente para ambas partes. Muchas compañías ya utilizan un horario flexible, lo que le facilita al empleado ajustarse a la planificación hebrea del día.

Use el transporte público

Muchas ciudades cuentan con sistemas de trenes, metros y autobuses que le permiten viajar con un horario estricto y le ayuda a hacer algo de trabajo mientras va y viene de la oficina. La clave está en seguir un plan y horario, y reservar para este tiempo la clase de trabajo que puede hacer en un tren.

Trabaje en casa

Puede que a muchos esta opción no les parezca atractiva, pero quizá quieran considerarla como el menor de dos males: Esforzarse como un loco por tratar de estar en casa para las seis de la tarde y evitar la tensión y estrés del tránsito, o encontrar un rincón tranquilo y motivador para trabajar en casa. Hay cada vez más empresas que ofrecen esta opción como una manera de reducir el costo general del espacio de oficinas. Ciertas ciudades en California, tales como en la zona del Silicon Valley, ofrecen incentivos fiscales a las empresas que mantienen a sus empleados fuera de las ya congestionadas autopistas y carreteras. Piense para el futuro en estas comunidades que promueven estas oportunidades de trabajar en casa o en un complejo de oficinas al que se puede ir caminando desde muchas casas.

Si no puede trabajar en casa cada día, investigue si puede hacerlo dos o tres días a la semana. No se sorprenda de descubrir lo que los escolares descubrieron ya: *No se necesita todo el día para terminar el trabajo.* Muchos escolares disciplinados de un modo razonable que estudian en casa (la escuela en casa) consiguen terminar su tarea para las doce del mediodía o para la una de la tarde cada día. Hay estudios que muestran que un buen número de ellos supera en lo académico a otros estudiantes de las escuelas convencionales y que los admiten en las mejores universidades del país.

Cambie de trabajo

Esto quizá le parezca una locura, y puede que no sea posible, pero no lo deseche enseguida. Si acepta la necesidad de cambiar de un estilo de vida de acumulación a uno de conversación, y si elige su trabajo por la compensación que le va a permitir financiar un determinado estilo de vida de consumo, tiene sentido en reconsiderar su decisión si cambia la premisa. Al menos, si considera importante el ir y venir largas distancias cada día y no puede aplicar las primeras cuatro ideas, esto es algo que vale la pena pensar en serio. La locura es hacer lo mismo una y otra vez y esperar que haya resultados muy diferentes. Haga algo distinto por un tiempo.

El principio de resultados por flexibilidad

Este principio ya lo hemos expresado más arriba con el ejemplo de procurar obtener el permiso para reducir el tiempo que dedica a ir y venir al trabajo cambiando la hora en que va y sale de la oficina a fin de evitar las congestiones del tránsito. Sin embargo, este principio es lo suficiente importante como para merecer tener espacio propio.

Mi secretaria trabaja con dedicación exclusiva. Está casada y tiene una hija de quince años. Deseo para ella una vida equilibrada y, por lo tanto, estoy en la mejor disposición para este principio. Promete brindar resultados definidos y yo le ofrezco flexibilidad. A este fin hemos elaborado el siguiente arreglo: Deja a su hija en la escuela a las siete y media de la mañana y llega a la oficina a las siete y cuarenta y cinco de la mañana. Los martes, miércoles y jueves su meta es salir de la oficina a las cinco y cincuenta de la tarde. Si logra terminar lo que se necesita hacer para ese día, a veces se marcha antes, lo cual apruebo. Los lunes y los viernes se va a las dos y media para recoger a su hija de la escuela. Si todavía le quedan unas pocas cosas por hacer, planeará su día de tal manera que pueda terminarlas en casa. Sin embargo, nuestra meta para ella es que pueda terminar su trabajo para las dos y media. Cuando cuenta con una persona con su elevada ética profesional y con la capacidad para establecer las prioridades, un jefe sería tonto si no aceptara un arreglo así. Al final del día ella siente que tiene el control de su vida y se ve renovada, agradecida por la oportunidad de disfrutar del trabajo que Dios le ha dado, al tiempo que equilibra el trabajo con las relaciones de familia y de amigos y la necesidad de dormir. Personas orientadas hacia los resultados son la clase de personas que los jefes debieran buscar para emplearlas; cada empleado debiera ser una persona orientada hacia los resultados.

El principio de contratar ayuda

Tengo esposa y cuatro hijos. Mi esposa y yo empezamos a notar, al mirar nuestros programas y horarios semana tras semana, que había dos cosas en nuestras agendas que consumían tiempo que queríamos eliminar. No se sorprenda de su singularidad: Trabajar en el patio y limpiar la casa. ¿Qué pasaría si pudiéramos contratar a alguien para que nos haga estas tareas? Solemos pensar que eso es solo para los ricos. Si bien esta sugerencia está fuera del alcance de algunos en ciertos momentos de la vida (como los estudiantes, que todavía no son dueños de una casa, o de los recién casados), merece que lo consideremos si queremos hacer el cambio de la acumulación a la conservación y todavía vivir en los barrios residenciales.

Esta es la solución que encontramos. El pago promedio por un auto llega en nuestra zona a los cuatrocientos dólares mensuales. Para una familia numerosa como la nuestra, el costo de un vehículo de siete u ocho plazas puede subir con facilidad a los setecientos u ochocientos dólares al mes. ¿Qué piensa si ahorramos con diligencia el dinero para comprar al contado un vehículo de segunda mano en buenas condiciones y entonces usamos el dinero sobrante para comprar tiempo? Es cierto que esto puede ser diferente de comunidad a comunidad, pero nosotros hemos encontrado buenos arreglos para hacer este tipo de trabajo una vez a la semana por unos cuatrocientos dólares al mes. Debido a que nuestras idas y venidas con los autos son bastantes menos que la familia promedio, el auto de segunda mano que usamos, si lo cuidamos y mantenemos como debe ser, nos hace un excelente servicio y nos da un buen rendimiento.

¿Por qué contratar personas para hacer estos trabajos de la casa y del jardín parece derrochador y pretencioso y adquirir un vehículo nuevo y de último modelo que pierde valor día a día es un derecho inalienable del ciudadano que no se puede negociar? Me gustaría sugerir que el camino hacia la creación de espacio para la vida, moverse de un estilo de vida de acumulación al de conversación, ve las cosas de forma diferente.

El principio de la eficiencia

Este último principio, aunque es evidente en sí mismo, si lo practicamos hará tanto como los otros principios para hacernos más productivos en menos tiempo de manera que podamos experimentar esa clase de comunidad de relaciones para la que estamos diseñados.

En esencia, el principio de la eficiencia procura responder siempre a la pregunta de la manera en que hacemos nuestro trabajo: *¿Cómo podemos hacer esto en menos tiempo?* Puede que esto no se ajuste para el añejamiento del vino, pero sí se ajusta a la mayoría de las cosas que tienen que hacerse en el lugar de trabajo. Haga una simple lista de las cosas que tiene que hacer, y busque una manera más eficiente de hacerlas. Le recomiendo que les pida consejo a otros.

Una vez escuché una historia real sobre un hombre que fue a la reunión anual de la asociación de propietarios de casas. Presentaban un problema con los castores que se comían los árboles. El que presidía la reunión propuso que se repusieran los árboles que se comieron los castores. ¡Qué tontería! La única razón para hacer eso es si tiene la misión de alimentar a los castores. Pero si desea resolver con eficiencia el problema, la solución adecuada es dejar de plantar árboles hasta que decida qué hacer con los castores.

Mi esposa y yo compramos nuestra primera lavadora y secadora en 1983 cuando adquirimos nuestra primera casa. Con un buen mantenimiento, estos electrodomésticos funcionaban todavía veinte años después. Con una familia de seis personas, lavar ropas es una tarea importante y una buena inversión de tiempo. El problema principal de mi esposa estaba en que tenía que hacer pasar la ropa por la secadora tres veces a fin de que se secara, lo que significaba tener que esperar bastante y mucho estrés. Debido a que nosotros no trabajamos en nuestro hogar después de las seis de la tarde, incluyendo lavar ropas, decidimos que teníamos que buscarle una solución a este problema.

Nos concentramos en buscar la eficiencia como una posible solución. Descubrimos que era posible comprar una nueva lavadora y secadora por el mismo precio que pagamos por las que teníamos ahora. Sin embargo, solo resultaría en una pequeña mejoría. Encontramos entonces un juego que costaba el doble de dinero, pero al parecer usaban menos cantidad de agua en el ciclo de lavado y, por tanto, la ropa no estaba tan húmeda cuando se metía en secadoras nuevas y eficientes. El argumento de ventas era que esta secadora terminaría su trabajo de secado antes que la lavadora acabara su siguiente ciclo de lavado. ¡Eso era justo lo que queríamos!

Así que en el curso de considerar la compra, hablamos con personas que habían comprado este juego específico de lavadora y secadora para averiguar si el vendedor nos había dicho la verdad. Para nuestra sorpresa lo había hecho. Tomé una calculadora y saqué la conclusión de que nuestro actual juego de electrodomésticos nos costaba unos cuarenta dólares al año. Usando la misma fórmula concluimos que el nuevo juego nos costaría ochenta dólares al año o un dólar con cincuenta y cuatro centavos a la semana. La pregunta clave para tomar la decisión fue: *¿Estamos dispuestos a gastar esa cantidad a la semana para que mi esposa y madre de cuatro hijos gane doce horas de tiempo a la semana?* Eso equivale a trece centavos la hora. Tomamos la decisión de hacerlo. Hace poco le confirmé a mi esposa que el plan sigue dando buenos resultados después de tres meses.

El motivo para presentar estos doce principios de productividad no es para incrementar el volumen de trabajo, sino para realizar el trabajo que necesitamos hacer, y hacerlo dentro de las razonables doce horas de tiempo asignado, a fin de experimentar la vida de comunidad y de conversación con la familia y los amigos que Dios desea para nosotros. El trabajo es una bola importante con la que hay que hacer malabarismos y mantenerla en el aire, pero debemos recordar que es la única bola de goma, mientras que las bolas de la familia, la salud, los amigos y la integridad son de cristal. O, para decirlo de otra manera, la meta no es ganarse la vida, sino hacer espacio para la vida.

Mis opiniones sobre este capítulo

Discusión para grupos pequeños

- Abajo encontrará la lista de los diez principios de productividad. Pídale a cada persona que dedique unos minutos a numerar y ordenar los principios de la manera en que piensa les resulta más eficaz en lo personal (1 = el más eficaz; 10 = el menos eficaz, o que no se ajusta a su situación).

  _____ El principio de establecer metas
  _____ El principio de la lista de cosas para hacer
  _____ El principio de las cuatro horas
  _____ El principio del talento
  _____ El principio de la delegación y del trabajo en equipo
  _____ El principio de la identidad posicional
  _____ El principio de reducción de viajes de ida y vuelta
  _____ El principio de resultados por flexibilidad
  _____ El principio de contratar ayuda
  _____ El principio de la eficiencia

- Pida a cada uno de los presentes que hable sobre su principio número uno y cómo le ayudaría si lo aplicara. Basándose en el tiempo disponible haga lo mismo con los otros principios.

- Comente sobre la enseñanza principal que ha sacado de este capítulo.

- ❒ Identifique y exprese un paso de acción personal que va a dar para hacer más espacio para la vida.
- ❒ Ejercicio de edificación de la comunidad: Divida al grupo en grupos de dos o tres. Que cada persona elija uno de los principios para enfocarse en él durante la semana y luego contarles a los demás cómo le fue. Que se llamen entre sí una vez al día para ver cómo les va. Comenten las experiencias en la siguiente reunión.

Medidas personales

CAPÍTULO 10

Descubramos el *convivium*

La importancia de compartir una comida

¿Qué le parece si cada uno en su familia terminara el trabajo de lunes a sábado entre las seis de la mañana y las seis de la tarde? ¿Qué le parece si una familia, e incluso un grupo de personas que viven juntas en el mismo vecindario, buscara la manera de vivir el principio de que todo trabajo termine a las seis de la tarde? Nada de trabajo en casa, lavado de ropa, correos electrónicos, informes, proyectos de la escuela, deportes organizados, ni reuniones en la iglesia durante la noche.

Este se ha convertido en el estilo de vida de mi familia y en el de cada vez más familias que quieren salir de esos estilos de vida caóticos, recuperar sus vidas y relacionarse con el círculo de seres humanos que les ha dado Dios. La planificación hebrea del día que explicamos en el capítulo 5 nos brinda la dirección necesaria para llevar a cabo ese estilo de vida. Como en un programa de ejercicios, a veces flaqueamos, pero siempre volvemos al plan con la creencia de que reabastecerá nuestras almas.

Desde el momento en que nuestra familia tomó la decisión hasta el momento en que se convirtió en el nuevo ritmo de nuestra vida en común pasaron más o menos dos años. Como mencioné en el capítulo 6, es difícil desarraigar viejos hábitos. Todo parece favorecer al statu quo, incluso si sabemos que nos está perjudicando. Había, y todavía hay, muchas causas, actividades y tentaciones que quieren arrastrarnos al antiguo estilo de vida que promete darnos mucho, pero que en realidad da muy poco.

Para nuestra familia, el trabajo en la casa ha sido lo más fácil de resolver. Mi esposa tiene un trabajo a tiempo parcial fuera de la casa que tiene un horario flexible. Ha organizado su programa de tal forma que hace sus compras, lavado de ropa y diligencias entre seis de la mañana y seis de la tarde, de lunes a sábado. Tiene, además, una personalidad muy disciplinada.

Mi trabajo es también otra esfera que al fin he logrado acomodar en este plan. Una de las fuerzas impulsoras para este ajuste fue el temor de que se repitieran las cuarenta y cinco noches que pasé con problemas para dormir hace varios años. El temor es también un buen elemento motivador. Saber que el trabajo terminará a las seis de la tarde me lleva a ser más intencional y eficiente con relación a cómo uso mi día.

La tercera esfera que tuvimos que poner también en línea fue la iglesia. Gracias a Dios empezamos hace ya unos años la transición de nuestra iglesia a un modelo de comunidad basada en el lugar (véase mi libro anterior *The Connecting Church*). Desmontar las docenas de círculos lineales y trasladar todo lo que merecía la pena a una comunidad descentralizada basada en el lugar fue una tarea tremenda, pero nosotros hoy, de manera individual y corporativa, estamos cosechando los beneficios. El trabajo espiritual tiene lugar durante la semana; se lleva a cabo dentro del vecindario más que en los edificios de la iglesia. Anoche una vecina pasó por nuestra casa, después de avisarnos con anterioridad, para hablar sobre un plan de celebrar la comida de la Pascua como una comunidad. Comentamos de manera informal sobre el asunto en la sala de estar durante unos treinta minutos y luego dedicamos otros treinta minutos a reflexionar sobre maneras en que Dios puede estar llamando a esta buena hermana para usar sus dones y pasión en el futuro. Puede que algunos llamen a esto una reunión, pero nosotros sentimos que era algo diferente.

Sin duda, el aspecto más difícil de alinear ha sido las actividades de nuestros hijos. Sus actividades no se llevan muy bien con lo que le interesa a la familia como un todo. Por primera vez en la historia de la familia le dijimos que no a las ligas de béisbol de la primavera. Fue asombrosa la cantidad de presión amistosa que experimentamos de los entrenadores y otros padres, pero nos mantuvimos firmes. La familia Frazee no se sentaría hasta las diez de la noche en las bancas de los campos de las escuelas, mirando cómo nuestros hijos jugaban un partido, a sabiendas de que no habían terminado todavía sus deberes escolares para el día siguiente. Lo curioso es que nuestros hijos no han dicho nada al respecto. (En el capítulo 12 presentaré algunas ideas prácticas sobre cómo lidiar con asuntos como los deportes y el trabajo de los hijos).

Una de las razones por las que las personas se resisten a este modelo es porque no están seguros de lo que harán con el tiempo una vez que logren liberarlo con éxito. Del capítulo 7 recordará que este era una de las principales preocupaciones para los habitantes de la ciudad de Ridgewood, en Nueva Jersey, al decidir como comunidad tener una noche libre de toda actividad. ¿Qué harían unos con otros? Hay algunas familias que no pasan ni treinta minutos juntos con regularidad, de forma que no podían visualizar qué hacer con cuatro horas. Este capítulo expone la nueva visión. Es muy sencillo, pero profundo en resultados.

El tiempo de relaciones del día (el comienzo del día para los hebreos) dura de seis de la tarde a diez de la noche. Está dividido en dos partes: De seis a ocho de la noche, el tiempo de la cena, y de ocho a diez de la noche, el tiempo abierto.

La cena

La mesa es el centro y corazón de la comunidad. Esta es una creencia muy antigua, una tradición que ha resistido la prueba del tiempo. La visión de «hacer espacio para la vida» es una invitación a acudir a la mesa, a fin de participar de una comida y una conversación con un círculo familiar y de amigos cada tarde. Cuando nos despertamos todos los días para enfrentarnos al trabajo que nos espera (ya sea en la escuela, la oficina, la fábrica, la granja o el hogar), lo hacemos con un anhelo, con la pasión genuina de reunirnos a la caída del sol para disfrutar de una cena que nos alimente y sostenga, y escuchar otra página de la novela de las personas que Dios en su amor ha traído a nuestras vidas. Cuando este acontecimiento tiene lugar, nuestras almas envían una señal a nuestras mentes de que esto es bueno. Algo en nosotros nos dice que esta es una demostración importante del requerimiento de relaciones para el que nos diseñaron. No fue por casualidad que Jesús escogiera una comida como el lugar en el que la comunidad recuerda su obra salvadora en la cruz.

Algunos llaman a esto «el *convivium*». *Convivium* es la palabra latina para «banquete». El *convivium* nos invita a un banquete de buenos alimentos que nutren nuestros cuerpos y al banquete de conversación de los que se sientan alrededor de la mesa sagrada de la comunidad y que alimenta nuestras mentes y almas. A los proponentes del *convivium* a veces se les conoce como los que apoyan el «movimiento de las comidas lentas» por dos razones. Primera, la comida es buena y da gusto saborearla. Segunda, y más importante, este es el momento que hemos estado esperando todo el día. Es el premio, la recompensa, por un día de trabajo duro. Cuando nuestra definición de éxito se mide en función de acumulación, la comida no tiene otro valor que el ser simple gasolina que nos permite seguir trabajando para conseguir lo que deseamos o hasta que lo pagamos. El humorista George Carlin dice que según este arreglo «una casa es solo un montón de cosas con un techo sobre ellas»[46]. Sin embargo, cuando nuestra definición del éxito es la conversación, la comida se transforma en el fin, no en el simple medio. Descubrir el *convivium* constituye el centro de cambiar la acumulación y la actividad por la conversación y la comunidad como una forma de vida. Dentro de esta visión, la casa se convierte en un lugar de seguridad, de renovación y de refugio con un techo sobre ella. Dicho de forma simple, perderse la cena, o tomarla de forma apresurada, nos lleva al fracaso.

Esta no es la experiencia de la mayoría de las personas que conozco. Somos la «nación de la comida rápida». El movimiento de la comida rápida surgió como consecuencia del desarrollo del sistema de superautopistas y de las zonas residenciales. En 1956, el Congreso aprobó la Ley de las Autopistas Interestatales por iniciativa del presidente Dwight D. Eisenhower. Trabajó de manera intensa para lograrlo porque quedó muy impresionado por el sistema de autopistas de Adolfo Hitler, el primer sistema de autopistas del mundo[47]. Este nuevo sistema de carreteras dio a luz a la industria de las comidas rápidas. A lo largo de estas nuevas autopistas surgieron estos restaurantes de comidas rápidas para servir a las personas activas y «liberadas». ¿Cómo ha cambiado esto la forma en que comemos y vivimos? Eric Schlosser, autor del éxito de librería, *Fast Food Nation: The Dark Side of the All-American Meal*, nos proporciona este informe alarmante:

- En 1970, los estadounidenses gastaron unos seis mil millones de dólares en comidas rápidas; en 2001, gastaron más de ciento diez mil millones.
- Los estadounidenses gastan ahora más dinero en comidas rápidas que en educación universitaria, computadoras personales, programas de computadoras o nuevos autos. Gastan más en comidas rápidas que en películas, libros, revistas, periódicos, vídeos y discos compactos de música, todo combinado.

- En cualquier determinado día en los Estados Unidos una cuarta parte de la población adulta visita un restaurante de comida rápida.
- Se estima que uno de cada tres obreros en los Estados Unidos ha estado empleado en algún momento de su vida en McDonald's.
- Lo que comemos ha cambiado más en los últimos cuarenta años que en los anteriores cuarenta mil años.
- Los arcos dorados de McDonald's son ahora más ampliamente reconocidos que la cruz cristiana[48].

Si bien algunas comidas rápidas son sabrosas de verdad, muy pocas veces es bueno de verdad para usted, y se come rara vez en el hogar alrededor de la mesa familiar. Muy pocas personas pueden visualizar el poner la mesa y sentarse alrededor de la misma con un Big Mac o un Big Burrito de carne de res. La comida rápida se hace rápido y se come rápido, casi siempre dentro de un auto cuando se va de camino a alguna actividad.

Si en verdad queremos hacer espacio para la vida, debemos descubrir el *convivium*. Debemos regresar a ese momento cuando el alimento se pone sobre la mesa, y merece la pena comerlo despacio, y donde la conversación no es algo apresurado. Hay ciertas indicaciones de que las cosas están cambiando. Primero, cuando escribía este libro, McDonald's informaba que ese era su tercer año de disminución en las ventas. Hay un movimiento en varias partes del mundo llamado «el *convivium*» que promueve de forma activa el volver a la cena familiar tradicional. En estos momentos hay ya sesenta y tres grupos establecidos de este movimiento en los Estados Unidos.

La preparación de los alimentos

Disfruto de la maravillosa bendición de estar casado con una mujer de origen italiano que trabaja con diligencia en perfeccionar sus artes culinarias. Aprendió los elementos básicos de la cocina en el seno de su familia y se ha esforzado mucho por mejorar lo aprendido, de forma que en nuestra familia gozamos de comidas nutritivas y sabrosas que deleitan nuestro paladar. Comer a la mesa de la familia Frazee es siempre una delicia. Una de las cosas que hemos perdido con la aparición de los restaurantes de comidas rápidas es la preparación de la siguiente generación de cocineras. (Dicho sea de paso, el arte culinario no está limitado a las mujeres. En varias familias que conozco, los hombres son los cocineros, y muy buenos).

Una de las claves de una buena comida es que sea completa y buena para el cuerpo. No tiene que ser elaborada ni muy fina, pero sí de calidad. Si nadie en la familia sabe cómo cocinar una buena comida, les animo a que busquen quién podría encargarse de esta importante tarea. Puede ser la tarea de varios. Si tiene hijos, es importante pasar a la siguiente generación este arte a fin de que sus familias tengan también acceso a este *convivium* en el futuro. Si no hay una comida completa sobre la mesa, es poco probable que estén dispuestos a reunirse alrededor de la mesa por mucho tiempo. En su libro *Rituals of Dinner*, Margaret Visser nos dice que «el tiempo promedio de una cena en los Estados Unidos es de treinta minutos, con o sin televisión, lo que nos indica que no está teniendo lugar mucha conversación»[49].

Piense en otras posibilidades mientras aprende a cocinar o si no tiene tiempo para hacerlo. Una opción es buscar unas cuantas recetas sencillas que permiten tener comidas completas y buenas, cocinarlas en grandes cantidades y congelarlas. Hay varios libros de recetas de cocinas que le muestran cómo preparar todas sus comidas una vez al mes (véase, por ejemplo, *Frozen Assets: How to Cook for a Day and Eat for a Month*)[50]. Hay libros completos de cocina dedicados a recetas para ollas de cocción lenta que le permiten empezar una comida en la mañana (véase, por ejemplo, *The Slow Cooker Ready and Waiting Cookbook: 160 Sumptuous Meals That Cook Themselves*)[51]. Cooking Light publicó los *5 Ingredient 15 Minute Cookbook*, que incluye noventa y cuatro recetas de comidas deliciosas para la familia que se preparan con rapidez[52]. (Mi esposa está observando por encima de mi hombro mientras escribo estas líneas).

Una de las mejores opciones, ya sea un cocinero experto o un aprendiz, puede que sea la de compartir una cena con unos vecinos. La tarea se reparte y la conversación se amplía. Debiera hacer esto una vez a la semana, o mejor dos veces. Resulta excelente para solteros, padres solos y para los que tienen el nido vacío. Cuando hay solo dos personas en el hogar, se da la tendencia de olvidarse de una comida completa y de calidad y salir a cenar con regularidad. Pienso que es una mejor opción dedicar tiempo a sentarse alrededor de la mesa de su casa y disfrutar de una buena conversación. Cualesquiera que sea el enfoque o situación, la preparación de una comida para el *convivium* requiere planificación e intencionalidad. Si espera hasta el último minuto, su experiencia de cenar juntos casi siempre le llevará a la comida rápida en vez de a la comida lenta.

Poner la mesa

Todo trabajo debe cesar a las seis de la tarde. Por tanto, si la mesa no está puesta para las seis de la tarde, este acto no es la responsabilidad de una sola persona, sino una parte de la fiesta general de la comida familiar, es decir, un asunto de familia. Si tiene en su casa una mesa en la cocina y otra en el comedor, recomiendo mucho que disfruten la cena cada noche en la mesa del comedor. Compramos a propósito una mesa para la cocina que solo puede acomodar cuatro personas, lo cual nos obliga, una familia de seis, a celebrar la cena en el comedor. Estoy convencido de que este será uno de los principales recuerdos que mis hijos conservarán cuando salgan del hogar. (Comer fuera es también ideal siempre que sea posible. Me gusta mucho disfrutar una buena comida fuera).

La manera en que se pone la mesa debiera ser una característica única de cada familia. Si su inclinación personal es al estilo de Martha Stewart, sígalo. Sin importar cuál sea su inclinación, debiera procurar ser creativo y formar su propia tradición. En nuestra familia nos gusta elegir para la mesa piezas que sean un tanto singulares, sin importar mucho en que todas combinen a la perfección. Cuando viajamos nos gusta adquirir piezas únicas para usarlas en nuestra mesa. Cada una de ellas, ya sea un plato, una panera, un salero o una fuente para la ensalada, tiene un lugar especial en nuestros corazones y trae a nuestras mentes recuerdos agradables cada vez que la usamos. Después de diez años, lo que vemos sobre la mesa nos recuerda que, como familia, tenemos juntos una historia, aun antes de que se diga una sola palabra.

El dar gracias

Crecí en un hogar en el que nadie iba a la iglesia. Cuando me convertí en cristiano en 1974 a los catorce años de edad, tuve que buscar por mi cuenta la manera de poder ir al templo y regresar a casa. Si quería volver al templo el domingo por la tarde, que siempre me gustaba, lo mejor era quedarme allí todo el día o volver a casa con alguien que viviera cerca del templo. Había sobre todo una familia italiana muy amable y amistosa que me invitaba casi cada domingo a comer con ellos, por lo general pasta y ensalada. El padre tenía un próspero negocio de comestibles con muchas experiencias que contar sobre comprar y vender artículos alimenticios que captaban mi atención.

A la hora de la comida todos nos sentábamos alrededor de la mesa familiar, y él «daba gracias». Esta era una nueva experiencia para mí. Este hombre exitoso estaba dispuesto a agachar su cabeza con humildad y dar gracias a Dios por proveerles los alimentos que íbamos a comer. Nunca había escuchado una cosa así. A mí me parecía que había trabajado con gran diligencia para llegar a donde estaba ahora y que merecía todo el reconocimiento. No obstante, se humillaba en presencia de toda su familia y le daba gracias a Dios por todo. Hubo ocasiones cuando todos tenía su cabeza inclinada, y yo levantaba la mía y le miraba. Quería crecer y ser como ese hombre. Quería crecer y tener mi propia familia y dar gracias a Dios por su amor y protección por nuestra familia, como hacía ese hombre.

Pues bien, ya llevo casado con su bella hija más de veinte años y es para mí un gran honor dar gracias a Dios cada noche por sus bendiciones sobre mi familia. Estoy de acuerdo con William Shakespeare que escribió: «Oh Señor, que nos da la vida, dame también un corazón lleno de gratitud»[53]. Alda Ellis, en su inspirador libro, *A Table of Grace*, escribe lo siguiente:

> La mesa de la comida familiar es de seguro un legado que debemos pasar de una generación a otra. Creo que es más importante para nuestros hijos conocer quién es el cabeza de familia que quién en el cabeza del país. Muchas cosas positivas empiezan al sentarse alrededor de la mesa familiar: respeto, buenas habilidades comunicativas, buenos hábitos de la mesa, la humilde gratitud a Dios por sus bendiciones[54].

En la mayoría de las ocasiones nosotros nos tomamos de la mano y damos gracias. En ciertas noches le pedimos a uno de la familia que lo haga. Si tenemos invitados a nuestra mesa, siempre le pedimos a Dios su bendición sobre ellos. Si falta alguien de la familia, siempre oramos pidiendo por su protección. En muchas noches celebramos la Comunión. Siempre tenemos a mano pan ácimo. Al comienzo de la cena paso a todos un pan ácimo y cada uno toma una parte. Entonces uno de la familia da gracias, pero centrándose en el sacrificio de Jesús en la cruz: la prueba suprema de amor y de gracia a nuestro favor. Al final de la cena y la conversación, paso alrededor una copa de vino que conservo cerca de mí en la mesa y cada uno toma un poco del vino, y de ese modo terminamos la cena con nuestros pensamientos centrados en la sangre de Cristo. Dar gracias es una parte absolutamente esencial del *convivium* cristiano.

El arte de conversar en la mesa durante la cena

El dramaturgo W.S. Gilbert dijo una vez: «No es tanto lo que está sobre la mesa lo que importa como lo que está sobre las sillas»[55]. Jacques Pépin, el cocinero de Oprah Winfrey, la gran presentadora de la televisión, hace esta observación sobre las comidas familiares:

> Mi hija tiene veintiséis años de edad, y cuando viene a casa, comemos juntos como siempre lo hemos hecho. Conozco personas que quizá no han tenido una conversación con sus hijos por años debido a que los hijos entran a la casa y dicen: «Hola, papá», y van derechos al refrigerador a buscar un sándwich. La mesa de la cena debiera ser el lugar en el que la familia habla al final del día. Puede que la conversación no sea siempre agradable, pues quizá lo que tengan sea una discusión sobre lo que ocurrió en la escuela, pero es algo muy necesario que mantiene unida a la familia.
>
> El alimento, y compartir los alimentos, sostiene las relaciones humanas más que ninguna otra cosa, incluyendo la sexualidad. Es una parte de suma importancia en la estructura familiar y el denominador común que conserva juntos a los miembros de una familia en la casa. Así es en la mía. Puede que algunos les parezca tonto, pero para mí el alimento es una expresión de amor, porque siempre cocina para «la otra persona»: la esposa, los hijos, los seres amados, los amigos. El alimento es vida[56].

La conversación en torno a la mesa del comedor no es una idea nueva. En el libro *The Rituals of Dinner*, Margaret Visser nos da esta lección de historia:

> El gran diálogo de Platón, *Simposio*, el *Simposio* de Jenofonte, *Diálogos de Banquete* y *El banquete de los siete sabios* de Plutarco, *Saturnalia* de Macrobio fueron los antepasados de las colecciones de *Conversaciones durante la cena* o *Propos de table* los cuales han continuado por siglos como una tradición menor de las *belles lettres* europeas. Ateneo escribió lo que debe ser una de las más largas versiones de todos los tiempos: quince volúmenes de conversación conocidos como *El banquete de los eruditos*[57].

La conversación durante y después de la comida es un arte perdido en nuestra sociedad. No obstante, es una de las cosas que debiéramos anhelar con toda intensidad. Si bien hay mucho escrito sobre cómo debiéramos abordar esta conversación (*Rules and Orders of the Coffee House of 1674*[58], por ejemplo), no debemos hacerlo tan complicado que los novicios de la actualidad se sientan abrumados y los eviten por completo. En su nivel más profundo y sencillo, la conversación en la mesa involucra a cada persona para que les cuente a los demás lo que le sucedió durante el día. Creo que una buena parte del requerimiento de relaciones queda satisfecho cuando tenemos la oportunidad de hablar sobre los sucesos de nuestro día, sin importar cuán insignificante parezca, con un círculo de familia y amigos que están pendientes de cada palabra que decimos, pues tienen auténtico interés en nosotros y en nuestro bienestar y les importan nuestras experiencias.

Déjeme decirle cómo funciona en nuestra familia. Después de dar gracias y de que la cena esté servida, empezamos a hablar sobre nuestro día. Comenzamos con el familiar o amigo que tengo sentado a mi izquierda. Cada uno empieza desde el momento en que se levantó de la cama y luego va hablando de forma cronológica sobre los detalles. Cuando tomamos al principio la decisión de hacerlo así, no estaba seguro de que mis hijos cooperarían. ¿Estaría dispuesta mi hija adolescente a contarles a sus hermanos menores cómo le fue el día, o tendría ganas de escuchar a sus hermanos en la manera en que los chicos cuentan las cosas? ¿Estarían de verdad interesados en los detalles de las experiencias de mamá y papá de forma que llegara a ser una experiencia significativa para ellos? ¿No se cansaría pronto la familia y lo harían solo para complacerme en mi deseo de que la cena durara algo más de quince a treinta minutos?

Me he quedado muy asombrado del valor de esta sencilla experiencia. Recuerdo que llegué a casa un día y le pregunté a uno de mis hijos cómo le había ido el día. A lo que me respondió: «Ah, déjame reservarlo para esta noche durante la cena». En otra ocasión tuvimos una cena en la que no dijimos nada sobre el día, y uno de los hijos me preguntó al día siguiente si podría contar lo correspondiente a dos días, pues no lo habíamos tenido la pasada noche. Quería decirnos algo del día anterior que no había tenido oportunidad de contarlo.

Después de hacer esto por un tiempo estoy convencido de que nos crearon con la necesidad de comunicarnos con un círculo de familia o de amigos. Esto es algo muy sencillo, pero creo que esta clase de conversación lleva a muy buenos resultados tanto en las relaciones como en la salud física, emocional y espiritual. Para que esta experiencia tenga éxito, los padres no deben usar este tiempo para reprender ni corregir a un hijo que habla de su día en la mesa con todos. Hacer eso interrumpiría la corriente de comunicación e información en los días siguientes. Los adultos tampoco deben hacerlo entre sí.

Una noche a la semana tenemos un diálogo sobre algo bíblico o espiritual. Para este día especial solemos invitar a una familia de nuestro vecindario. Nuestra iglesia provee de una guía de estudio sencilla que una familia puede usar para estimular la conversación sobre el mismo pasaje bíblico en el que se va a basar el sermón del domingo siguiente[59]. La guía suele presentar el estudio de una situación espinosa de nuestro tiempo que lleva a considerar cómo aplicar ese pasaje de las Escrituras en la semana. En un estudio reciente basado en el libro de Éxodo tuvimos conversaciones sustanciosas sobre un cristiano que perdió su empleo, una pareja que no podía tener hijos, un adolescente que tenía problemas con la idea de la segunda venida de Cristo a la tierra, la vida de Dietrich Bonhoeffer y un esfuerzo de oración en Cali, Colombia, que había llevado a la desarticulación de los traficantes de drogas allí. Escuchamos con atención las ideas de todos y se estimula el desacuerdo respetuoso y amable. Es más, a veces invitamos a la mitad de los comensales a que razonen oponiéndose a la otra mitad. Mediante estas estupendas conversaciones, mi familia está aprendiendo a pensar con sentido crítico acerca de cómo la fe se relaciona con la vida diaria. Puede que este sea el legado número uno que dejo a mi familia, un legado que confío que también pasen a sus propios hijos.

La cena no termina hasta que la mesa y la cocina quedan limpias y recogidas. El ritual de la limpieza no le corresponde a una sola persona, sino a todos los participantes de la cena. Es un privilegio y una extensión de la fiesta. Cuando se completa, terminó el tiempo de la cena. En circunstancias normales eso ocupa desde las seis de la tarde a las ocho de la noche (desde poner la mesa hasta terminar la limpieza). Todos esperamos el comienzo del nuevo día con sus éxitos y retos, para contarlo en el *convivium* del día siguiente.

Tiempo abierto

Una vez que se termina la cena, quedan todavía dos horas antes de ir a la cama (desde las ocho a las diez de la noche). Puesto que no se permite trabajar, ¿qué puede hacer la persona? Descubrir qué hacer durante ese tiempo ha sido uno de los cambios más emocionantes de mi vida durante los últimos cinco años. Como persona dinámica, siempre dispuesta a la actividad y el trabajo, no podía imaginar que no estuviera haciendo algo. Veamos las tres normas que nos guían en las últimas horas del día:

- No hagan ningún trabajo.
- Olvídense del auto en todo lo posible.
- Mantengan menos luces y ruido (Dios nos está preparando para una buena noche de descanso).

He descubierto que las opciones son interminables:

- Puede dedicarse a escribir un diario o tener un tiempo devocional a solas.
- Pueden jugar juntos como familia. A nosotros nos encanta gusta jugar un juego en el suelo mientras miramos un evento deportivo en la televisión.
- Pueden tocar instrumentos musicales. Me gusta ir a la casa de mi vecino de al lado. A él le gusta tocar la guitarra y estoy aprendiendo a tocar el banjo. A veces otros se unen

al grupo y cantamos. Mi hijo mayor se ha aficionado a tocar la armónica, lo que le añade un sonido muy peculiar a nuestro intento de tocar y cantar música folklórica evangélica.

- Puede escuchar un disco compacto con sus auriculares.
- Puede dar un paseo o salir a conversar con un vecino por diez minutos.
- Si el tiempo lo permite, se puede sentar a la puerta de su casa y ver pasar a la gente.
- Puede jugar un juego de vídeo o ver la televisión.
- Puede leer una novela o una buena revista.
- Puede dedicar algo de tiempo a su pasatiempo preferido.
- Puede bailar con su esposa o con sus hijos.

No sé cómo se siente ahora que ha leído este capítulo. Quizá crea que ya tiene demasiados compromisos y programas como para pensar que esto pueda ser una realidad en su vida. No se preocupe. En los capítulos 12 y 13 le daré sugerencias específicas sobre cómo empezar a hacer la transición. Todo los que ahora quiero saber es si esta es la clase de vida y ritmo que ha deseado por tanto tiempo. Cuando pensaba en hacer espacio para la vida, este capítulo describe lo que yo quería y que echaba de menos en mi vida. Confío que usted también piense lo mismo. Esta no es una forma de vida para los ricos. En realidad, las personas acaudaladas son las que encuentran más dificultades para este estilo de vida porque tienen muchas opciones que los distraen. Esta es la forma sencilla de vida que Dios quería para todos nosotros. ¡Le invito a venir a la mesa y disfrutar de este maravilloso *convivium*!

Mis opiniones sobre este capítulo

Discusión para grupos pequeños

- ❒ Hablen sobre una cena memorable y significativa que disfrutaron en su niñez o adultez. ¿Cuáles son las características comunes entre sus experiencias?
- ❒ ¿Cuántas cenas disfruta con su familia y amigos en una semana promedio? ¿Está contento con ese número? ¿Cuáles son las causas de sus éxitos o dificultades?
- ❒ ¿Piensa que participar en un *convivium* (o cena) es solo una idea antigua que no tiene ninguna posibilidad de éxito en nuestra sociedad actual tan ocupada o cree que es algo esencial y que merece la pena redescubrirlo? Explique su respuesta.
- ❒ Identifique uno o dos de sus grandes obstáculos para experimentar el *convivium*. Hablen sobre posibles soluciones.
- ❒ La planificación hebrea del día requiere que todos terminen su trabajo a las seis de la tarde (adultos y niños). Si eliminara todo el trabajo de oficina, de escuela, de hogar, ¿cuáles son las tres cosas que visualiza que podrían hacer durante el tiempo libre después de la cena?
- ❒ ¿Qué piensa acerca de la siguiente declaración?

> Creo que una parte importante del requerimiento para relaciones conectadas se satisface cuando cada día tenemos la oportunidad de decirles a los demás cómo nos fue en nuestro día, sin importar cuán triviales parezcan, con un círculo de familiares y amigos que están pendientes de cada palabra que decimos porque les interesan de manera genuina nuestra vida y experiencias.

¿Ha pasado alguna vez por una época de su vida cuando le contaba a alguien sus experiencias casi a diario? Explique su experiencia.

- ❒ Comente sobre la enseñanza principal que ha sacado de este capítulo.
- ❒ Identifique y exprese un paso de acción personal que va a dar para hacer más espacio para la vida.
- ❒ Ejercicio de edificación de la comunidad: Divida al grupo en grupos pequeños propios de una cena (quizá no más de dos o tres familias). Pídales que organicen un *convivium* de aquí a la próxima reunión. Sigan la línea de actuación planteada en este capítulo. En la próxima reunión hablarán de sus experiencias.

Medidas personales

CAPÍTULO 11

La primera iglesia del vecindario

Llevemos la iglesia al hogar

En 1990 me convertí en el pastor principal de la Iglesia Bíblica de Pantego en Fort Worth, Tejas. Mi meta, con la ayuda y la dirección de Dios, era renovar una iglesia en decadencia. El consejo de los expertos y profesionales de primera línea de esa época era comenzar tantos programas como fuera posible que atrajeran nuevas personas a la iglesia. Eso tenía su lógica y sentido. Los estadounidenses, como consumidores muy ocupados, van de compras a los lugares que les ofrecen más y mejores opciones.

Si quiere tener una «iglesia en movimiento», tiene que ofrecer los grupos pequeños junto con otra docena de programas de calidad. Así que organizamos los grupos pequeños. Funcioné basado en el principio de que un líder dinámico produce un equipo dinámico. Si queríamos poner de verdad en marcha este gran ministerio de liderazgo, cada miembro del equipo ministerial tenía que participar en un grupo pequeño a fin de inspirar el adecuado comportamiento. Por lo tanto, establecimos como requerimiento para todos los del equipo, incluyéndome a mí, que fueran parte de un grupo pequeño. Cada año los miembros del equipo ministerial tenían que firmar un pacto que incluía participar en un grupo pequeño patrocinado por la iglesia. La continuación del empleo requería la firma del pacto y la participación en los grupos pequeños.

Así que, eso significaba que tenía que meterme en un grupo pequeño. En el pasado había participado y dirigido muchos grupos pequeños. Sin embargo, nosotros estábamos entre grupos, y esta era una buena oportunidad para formar un grupo que de verdad nos ministrara a mi esposa y a mí. Pensé: *Soy el pastor principal de la iglesia. Estoy seguro que puedo reclutar un grupo pequeño de primera clase: Un modelo de grupo pequeño.*

La mayoría de las iglesias en los Estados Unidos establecen sus conexiones en los grupos pequeños basados en una teoría contractual. Dicho sencillamente, funciona de forma semejante a la selección de equipos de béisbol. Los dos chicos más altos y fuertes son los capitanes. El resto de los chicos forman una línea y empieza el proceso de selección. ¿Cómo lo hacen? De los más fuertes a los más débiles. Se da la misma dinámica a la hora de formar grupos pequeños. *Contratamos* con otros para que estén en nuestro grupo basados en una asociación ascendente e invitación. Al final, estas asociaciones de contratos sociales fallan y pierden su chispa porque eran artificiales desde el principio.

Mi esposa y yo hicimos la lista de nuestro equipo preferido. Estos eran de los mejores individuos que conociéramos jamás. Formarlos como equipo, un grupo pequeño, significaba que ganaríamos de seguro el campeonato de los grupos pequeños. Ninguno nos conocíamos entre sí antes de tener nuestra primera reunión. Empezamos a reunirnos una tarde cada quince días durante dos horas y media. Estaba cumpliendo mi compromiso como parte del equipo ministerial.

A medida que se formaba este grupo, algo más me sucedía orgánicamente que no había pedido, ni buscado, ni esperaba. En ese tiempo vivíamos en una calle en la que había unas ochenta casas. No era una calle sin salida, sino una sola calle que muchos usaban para llegar a una arteria principal. Aun así, la calle tenía un cierto encanto. Ese vecindario empezó a desarrollarse en la década de 1960 en lo que una vez fuera un huerto de nogales. Compramos una casa en esa calle. Poco después de instalarnos allí, otro vecino lo hizo en una casa dos puertas más abajo. De forma ficticia, los llamaré Kevin y Susana. Esta pareja tenía dos hijos, eran personas sin pretensiones y no eran miembros de ninguna iglesia. Kevin era bastante sociable y a menudo venía a nuestra casa para estar con nosotros durante unos minutos o unas horas, no recuerdo bien. Me agradaba su compañía.

Muchos sábados recogía el periódico y se ponía a leerlo en nuestra sala de estar. A veces se servía una taza de café o sacaba un refresco del refrigerador. El sábado por la mañana era el tiempo que yo dedicaba a cortar el césped. Me ponía mis ropas de trabajo y me dedicaba a la tarea. La primera vez que Kevin apareció un sábado por la mañana, pasé a la casa para buscar un refresco y me lo encontré sentado en mi sofá leyendo mi periódico. *¡Ah, no!*, fueron las palabras no expresadas de mi cabeza. *Voy a tener que dedicarme a atender a Kevin en lugar de terminar mi trabajo.*

—Hola, Kevin, ¿cómo te va?

Miró por encima del periódico y me contestó.

—Todo bien. Oye, ¿hoy no es sábado por la mañana el día en que cortas el césped?

—Sí, claro, ¿por qué? —respondí.

—Ya lo pensé —dijo—. Yo corto el césped los viernes por la tarde y me gusta relajarme el sábado por la mañana y leer el periódico. Así que, si no tienes inconvenientes, ¿por qué no te vas a trabajar y yo leo el periódico? Luego seguimos conversando.

Me agradó mucho escuchar eso. Salí de allí antes que me pasara una hoja con tiras cómicas.

Como media hora más tarde volví a entrar en la casa. Esta vez mi esposa estaba «atendiendo» a Kevin. Ella tuvo la misma experiencia que yo. Cuando salí de nuevo, pensé: *Qué extraño que venga a nuestra casa sin previo aviso, se sirva lo que le apetezca del refrigerador y que no necesite que lo atendamos. Fue raro, pero me gustó.* Aquí fue que aprendí el primer principio de una auténtica comunidad: Comienza cuando se pueden sentar en un cuarto juntos y disfrutan de la mutua compañía, pero no siente la necesidad de hablar siempre.

Un día Kevin vino a casa a pedirnos prestada una escalera. Me sentí muy contento de poder prestarle la nuestra. Unos días después me devolvió la escalera. Como una semana más tarde me encontraba con Kevin en su garaje y vi una escalera colgada en un rincón. Cuando le pregunté a Kevin por qué me había pedido la mía, evadió la pregunta. Fue entonces cuando aprendí mi segundo principio de una comunidad auténtica: Atraer a las personas a un círculo de amistad involucra no solo ayudar, sino también alcanzarlos. Las personas quieren saber que son necesarias. Kevin me hizo sentir que yo era de ayuda para él y su familia. Me gustó ese sentimiento, y él lo sabía.

Kevin y Susana nos presentaron a los vecinos de enfrente: Una pareja casada con una hija de la misma edad que la nuestra. Tampoco iban a ninguna iglesia. Empezamos a pasar algunos ratos juntos, lo que resultó fácil pues éramos vecinos. Luego llegamos a pasar juntos horas. Muchas veces nuestro encuentro solo duraba cinco o diez minutos cuando salíamos para el trabajo o sacábamos la basura. Aquí aprendí un tercer principio de auténtica comunidad: Se desarrolla mejor cuando pasan momentos juntos de forma frecuente y espontánea.

Antes de que supiera cómo definirlo y llamarlo, estas relaciones se extendieron a otros en nuestro vecindario y atrapó los corazones de nuestra familia. Recuerdo con claridad un viernes por la tarde cuando mi esposa y yo manejábamos nuestro auto rumbo a la reunión de nuestro grupo pequeño patrocinado por la iglesia en una casa que estaba a unos veinte minutos de distancia. Habíamos contratado a una persona para que nos cuidara los niños en nuestra ausencia. Amábamos mucho a las personas en nuestro grupo pequeño, pero con nuestras vidas tan ocupadas no había manera de vernos fuera de la reunión cada quince días. Es más, dada la teoría contractual de las relaciones, nosotros todavía los hubiéramos elegido a ellos por encima de nuestros vecinos. Sin embargo, el asunto de la proximidad nos empezaba a ganar por completo. Al pasar con el auto por la calle en esa bella tarde de primavera, los vecinos estaban en pleno disfrute. Los saludábamos al pasar y hubiéramos querido poder quedarnos en casa con nuestros hijos y vecinos. Ese fue el momento cuando se me encendió la luz en mi cabeza. ¿Qué pasaría si las familias del vecindario pudieran contar como mi grupo pequeño? Mi corazón empezó a saltar emocionado. Hablé de la idea con mi esposa. Pudo saber por su mirada y sonrisa, antes de que dijera ni una sola palabra, que estábamos de acuerdo por completo.

Había, no obstante, un problema: Eso no calificaría como un grupo pequeño patrocinado por la iglesia. *«Espera un momento»*, pensé, *«Soy el pastor principal. ¡Puedo declarar que ese es un grupo legítimo patrocinado por la iglesia!»* Y lo hice. Durante los dos siguientes años mi equipo en la iglesia estuvo digiriendo las ideas detrás de este modelo. A medida que lo hacíamos nos entregábamos cada vez más a nuestros vecindarios. Aquí aprendí un cuarto principio de auténtica comunidad: La teoría contractual no es auténtica, pero la teoría comunitaria sí lo es. Esta teoría sugiere que cuando nos damos a nosotros mismos a las personas a nuestro alrededor, aun cuando hay diversidad a la que quizá no nos sintamos atraídos, la comunidad auténtica tiene una oportunidad real de experimentarse y encontrar que es muy deseable.

Poco después que se encendiera la luz en mi cabeza, Kevin y Susana se mudaron, pero yo seguí con lo que había aprendido de ellos. Al cabo de trece años en esa calle, mis mundos quedaron bien consolidados. Si bien las reuniones del vecindario se parecen más a una escena de *Mi gran boda griega* que a una reunión tradicional de un grupo pequeño, tienen en esencia una profundidad espiritual creciente. Un cierto número de familias y solteros empezaron a asistir al templo con nosotros los domingos, pero no todos. Algunos otros fueron a varias iglesias. Muchos llegaron a poner su fe y confianza en Jesucristo; algunos no lo hicieron. La experiencia resultó en gran medida intergeneracional: De solteros a parejas casadas, de infantes a abuelos. Por primera vez en mi vida mi mundo de compañerismo cristiano se fusionó con mi mundo de relaciones con personas no religiosas y con personas que buscaban. Me sentí muy bien hasta los tuétanos. (Vuelva a leer el capítulo 4 si no entiende bien de qué estoy hablando aquí).

Dieciocho años más tarde no solo es el centro de los principios mediante los cuales funciona la vida de mi familia, un círculo de vida, sino también es la dirección que ha seguido nuestra iglesia. Fueron necesarios siete años para que esto llegara a formar parte del ADN de nuestra iglesia. Mi dedicación a esta transición era tan fuerte que lo arriesgué todo por conseguirlo. Si bien es cierto que tuvimos algunas pérdidas, valió la pena. Nuestra iglesia tiene hoy una comunidad basada en el lugar (grupos en las casas) en todas partes.

Lyle Schaller, una sicóloga sabia y reconocida consultora de iglesia, dijo hace varios años que «el mayor reto para la iglesia en el comienzo del siglo XXI es encontrar una solución para la discontinuidad y fragmentación del estilo de vida de los estadounidenses»[60]. Creo a pies juntillas que esta estrategia sencilla ayuda bastante a resolver ese mal social.

Hace seis años mi familia se mudó a otra casa a unos cinco kilómetros de distancia. Dejamos ese maravilloso vecindario después de mucha oración. La razón para este cambio fue la de tomar lo que aprendimos y pasarlo a otro vecindario para ver si podíamos reproducir esa sencilla idea. Esta vez queríamos que la comunidad tuviera un fundamento espiritual intencional. De modo que decidimos empezar con este enfoque.

Nos mudamos a un barrio donde ya vivían varias familias de la iglesia. Nuestra intención al hacerlo fue la de estar en casa más y consolidar lo que significaba ser un seguidor de Jesucristo dentro de este nuevo círculo de noventa casas. Lo que Kevin hizo en nuestro anterior vecindario fue ahora mi tarea. Dábamos paseos, invitábamos a las familias a venir a cenas a nuestra casa y nos sentábamos enfrente de nuestra casa (siempre que el tiempo lo permitiera) en vez de hacerlo en el patio. Nos propusimos persistir con este plan y consolidar tanta vida como pudiéramos en este «círculo».

Poco después de mudarnos invitamos a los vecinos a venir a nuestra casa para disfrutar juntos de un postre y para explicarles la idea y pedirles que se unieran a nosotros en «hacer espacio para la vida». Invitamos a las familias de nuestro vecindario que iban a nuestra iglesia, a las familias que iban a otras iglesias e incluso a unas pocas familias que no iban a ninguna iglesia. ¿Acudiría alguien? Para nuestra sorpresa, todos los que invitamos se presentaron. Esta era una buena indicación de que las personas querían conocer a sus vecinos.

Durante los postres les hablamos a los presentes de nuestra visión para el círculo de la vida. Como algo central queríamos establecer la presencia de una comunidad cristiana en nuestro vecindario. Si bien tendríamos una reunión semanal que llamaríamos «Grupo de hogar», todos procuraríamos vivir juntos el mayor tiempo posible. Establecimos nuestro pacto de propósito mediante las siglas S-E-R-V-I-C-I-O (las ocho funciones de una comunidad bíblica):

Solidaridad: Procurar que todos se sientan parte de la familia del vecindario.

Evangelización: Deseamos que nuestros vecinos conozcan a Cristo Jesús.

Recreación: Queremos divertirnos juntos.

Voluntarios: Nos ofreceremos como voluntarios para ayudar a nuestra iglesia.

Internacionalidad en las misiones: Ayudaremos a la iglesia en el ámbito internacional.

Compasión: Ayudaremos a los pobres y a los necesitados de nuestra comunidad.

Interés: Tendremos interés por los demás y nos cuidaremos unos a otros.

Olvidar: Estaremos prestos para olvidar los roces que puedan surgir en las relaciones[61].

Quizá no logremos cumplir con estos propósitos cada semana, pero a lo largo del año, queremos ser capaces de señalar cosas concretas y tangibles que hemos hecho juntos para alcanzar nuestra meta.

Todas las familias que acudieron a la reunión para disfrutar juntos de un postre quedaron entusiasmadas por la visión. Todas, excepto una, quisieron participar. La familia que no se unió al grupo eran miembros de otra iglesia, y solían asistir con regularidad a los cultos del domingo por la tarde en su iglesia, y el domingo por la tarde era el tiempo que decidimos reunirnos formalmente como grupo.

A lo largo de los siguientes seis años hemos visto vidas transformadas. Personas que han puesto su fe en Jesucristo, y muchos se han bautizado allí mismo en el vecindario. Cada año establecemos un plan para nuestro crecimiento espiritual personal mediante un recurso llamado «El perfil de la vida cristiana»[62]. Estudiamos la Biblia juntos siguiendo un programa de estudio bíblico desarrollado por nuestra iglesia llamado «Los rollos»[63]. Hemos celebrado la Pascua y Semana Santa juntos y hemos estudiado la Biblia juntos cada semana. Hemos tenido cuidado unos de otros en muchas formas: Después de la muerte de un padre, cuando alguien estaba enfermo, cuando alguien tenía dificultades en su matrimonio o solo recogiendo el correo de un vecino ausente. Juntos nos ofrecimos como voluntarios y servimos en la comunidad en varios proyectos y necesidades, trabajamos juntos rotándonos en el ministerio a los niños el domingo por la mañana, y colaboramos como un equipo en fiestas de la comunidad celebradas en el templo. Durante los últimos seis años, juntos despedimos el año y entramos en el nuevo. Juntos hemos tomado al menos una docena de vacaciones. Ya es rutinario que cenemos juntos. Participamos en misiones internacionales sosteniendo económicamente a un pastor en la India, así como también recogiendo dinero para sostener Clubes Bíblicos para Niños en la India. Practicamos nuestra compasión al servir en el Refugio para personas sin hogar de la ciudad y participamos en programas de donación de sangre y recogida de dinero para actividades benéficas en la comunidad, así como también entregamos cestas con alimentos en Navidad a las ocho viudas que hemos adoptado de nuestra iglesia y de nuestro vecindario. Cada martes por la mañana las mujeres del vecindario demuestran su corazón por la evangelización y el interés por las personas al reunirse para orar por los vecinos. Cada viernes por la tarde los hombres disfrutan juntos de unas horas en el campo de golf de la comunidad que les sirve para conocerse mejor unos a otros y conocer a otros hombres del vecindario. Una vez al mes las mujeres celebran una actividad especial para todas las mujeres del vecindario. Después de seis años, la lista de las cosas que hemos hecho juntos es interminable. Lo que más impresiona de este método descentralizado es que la iglesia ha dado a luz a más de cien grupos en toda la ciudad que tienen el mismo enfoque y hacen las mismas cosas. Esto es en verdad la presencia encarnada de Cristo en la comunidad.

¿Cómo funciona un Grupo de Hogar? A decir verdad, es bastante simple. Veamos la manera en que Lucas nos describe la vida de los primeros cristianos:

> Se mantenían firmes en la enseñanza de los apóstoles, en la comunión, en el partimiento del pan y en la oración. Todos estaban asombrados por los muchos prodigios y señales que realizaban los apóstoles. Todos los creyentes estaban juntos y tenían todo en común: vendían sus propiedades y posesiones, y compartían sus bienes entre sí según la necesidad de cada uno. No dejaban de reunirse en el templo ni un solo día. De casa en casa partían el pan y compartían la comida con alegría y generosidad, alabando a Dios y disfrutando de la estimación general del pueblo. Y cada día el Señor añadía al grupo los que iban siendo salvos.
>
> Hechos 2:42-47

En el lenguaje de Hechos 2, el Grupo de Hogar en el vecindario involucra partir el pan, disfrutar del compañerismo y orar juntos. Se lo expresaré de otra manera: Una vez a la semana alguien hace una olla de sopa, y todos en el vecindario, incluyendo niños y ancianos, van y vienen según sus posibilidades. Durante el curso de la reunión hablan, oran y planean juntos acerca de qué pueden hacer para cumplir con las ocho funciones de una comunidad bíblica (véase la página 159). Debido a que cada vecindario está compuesto de un conjunto diferente de personas, cada grupo elige distintas cosas que se ajusten a la composición del grupo. Nuestra iglesia produce un catálogo que puede revisar para disponer de ideas. Por supuesto, tenemos otros recursos disponibles que son excelentes para los Grupos de Hogar, tales como el recurso de evaluación que llamamos el «Perfil de la vida cristiana», el material de estudio de la Biblia «Los Rollos» y mucho más. Entre en el lugar en el sitio Web www.TheConnectingChurch.org para saber más sobre estos recursos. Una de las maneras de avanzar es hacer que los que estén interesados en los Grupos de Hogar lean este libro de *Haga espacio para la vida*. Esto ayudará a las personas a conectarse con la visión y decidir si quieren ser parte de ella.

Considero necesario un párrafo de consejo aquí. No presione mucho en cuanto a estas actividades. Permita que el compañerismo surja de forma natural, y deje que cada persona dé su opinión. No todos van a participar en todas las cosas que deciden hacer. Eso está bien. Es también muy importante planear con anticipación. En mi experiencia, una familia casi siempre no toma unas vacaciones sin planearlo con tiempo. Lo mismo sucede con un Grupo de Hogar de un vecindario. Por último, no se prive de invitar a los que no van a ninguna iglesia al Grupo de Hogar y otras actividades. No se prive tampoco de orar ni de hablar sobre su creciente relación con Dios. Creo que dentro de todos está el anhelo de relacionarse con Dios y con la comunidad. Eso puede ser con exactitud lo que anden buscando. En nuestra actividad de esparcimiento del viernes, un hombre lleva un equipo de sonido y pone música de adoración sin importar quién está allí. Aunque eso quizá distraiga a los jugadores de golf que necesitan concentrarse en el juego, la mayoría lo disfruta. A menos que piense que todo tiene que tener sabor estrictamente religioso, es bastante común para nosotros comprar entradas de un concierto de música moderna e ir juntos a disfrutarlo.

Mientras escribo este capítulo, cuatro de nuestros vecinos involucrados en nuestra iglesia y en nuestro Grupo de Hogar se han ido a unas vacaciones solo para adultos. Dos de las familias tienen ya el nido vacío y tienen nietos, y las otras dos familias todavía tienen hijos en el hogar. Nosotros nos encargamos de cuidar sus casas, hijos y perros, recogemos el correo y hacemos todo lo necesario hasta que regresan. Escribo estas líneas sentado delante de la puerta principal de mi casa. Estas familias no tardarán ya en volver a casa. Estoy impaciente por verlos y hablar sobre las experiencias de los últimos seis días. Mientras estoy sentado aquí, ya he hablado con diez de mis vecinos que han pasado por la calle, ya sea en su auto o caminando. Mis hijos, que no han participado en actividades deportivas organizadas esta primavera, llevan jugando horas con otros niños del vecindario.

Ha sido mi experiencia y observación personal que las iglesias pueden complicar nuestros ya fragmentados estilos de vida. Si bien es cierto que el alimento espiritual y la oportunidad para servir son mucho más significativos que la mayoría de las otras cosas en las que nos ocupamos, parece que hay una forma mejor y más sencilla de llevarlo a cabo. Para la mayoría de los que viven en la descontrolada expansión suburbana, la iglesia es otro mundo, desconectado en gran parte de nuestras relaciones en el trabajo y en el vecindario y con las escuelas de nuestros hijos.

Como indiqué en el capítulo 1, en realidad la iglesia no es solo un mundo, sino también varios mundos separados. Si piensa en las ocho funciones que mencionamos antes (S-E-R-V-I-C-I-O) y crea con ellas ocho departamentos diferentes, se va a encontrar con un problema de administración en sus manos. Por lo general, cada uno de estos campos diferentes lo dirige un miembro distinto del equipo ministerial o un voluntario que no se coordina necesariamente con otros. Digamos que decide involucrase en tres cosas porque quiere tomarse su fe en serio. Se inscribe en la clase de estudio bíblico que se celebra los miércoles por la noche, se apunta también en las actividades deportivas que se llevan a cabo los sábados por la mañana y sirve en el comité de misiones que se reúne una vez al mes los lunes por la noche.

Digamos que está casada y su esposo se une al grupo de estudio bíblico para hombres de los martes por la noche, y se ofrece como voluntario para trabajar con el equipo de cuidados de la propiedad de la iglesia. Tiene dos hijos, uno está en la escuela primaria y el otro en la secundaria. Además de sus actividades los domingos, cada uno tiene un programa al que deben asistir los miércoles por la noche. Sin duda, esto es mucha actividad. Para complicar más las cosas, todos están fuera de casa en noches diferentes, de modo que no disponen de tiempo para disfrutarlo juntos en familia. Con todo, existe otro problema importante: La mayoría de las veces cada uno de estos mundos está desconectado uno del otro. Cada vez que se reúnen lo hacen con diferentes personas.

Esto no es malo en sí mismo. El problema está en que este nivel de actividad lineal le priva de tener tiempo para invertirlo en un círculo de amigos, que le podría ayudar a satisfacer el requerimiento de relaciones. Además de todo esto, estos ocho mundos lineales de iglesia están desconectados de los otros mundos de la vida diaria en los que se desenvuelve. No sorprende para nada que el promedio de nuevos cristianos pierda todos los contactos con sus amigos no cristianos al cabo de dos años de hacerse cristiano e involucrarse en la iglesia.

Tenemos que darnos cuenta que no hay tiempo para cada cosa ni para cada uno. Entonces, ¿qué pasa si combinamos de forma natural el mundo de la iglesia con la vida diaria? Usted y su familia siguen conectados con su iglesia, porque es importante y significativo participar en algo mayor que un grupo pequeño.

Además, el valor que viene con la adoración corporativa es casi insustituible.

Si está interesado en esta idea, hable con su pastor sobre ella para ver qué piensa él. Ofrézcale su familia como parte de un programa piloto para ver si esa podría ser una gran opción para otros en la iglesia que tienen vidas sobrecargadas de actividades. Empiecen su grupo de prueba leyendo este libro y conversando sobre las ideas expuestas.

Esta es la visión sencilla que está detrás de «La Primera Iglesia del Vecindario». Al reflexionar y orar sobre los cambios que quizá quiera implementar después de leer hasta aquí, asegúrese de que piensa con sumo cuidado en esta ancla espiritual de vivir en comunidad cristiana con otros que viven muy cerca de usted. Es una pieza muy importante del rompecabezas para en verdad hacer espacio para su vida.

Mis opiniones sobre este capítulo

Discusión para grupos pequeños

- ❒ La iglesia debiera ser central en nuestra experiencia de comunidad. Jesús quiere que experimentemos relaciones ricas unos con otros. ¿Por qué la iglesia puede ser con frecuencia un obstáculo para la comunidad en lugar de facilitar la vida de comunidad?
- ❒ ¿Qué piensa que quiere decir de verdad la persona que afirma: «La gente quiere relaciones, no otra reunión»?
- ❒ Al leer la historia del vecindario de Kevin y Susana, y Randy, ¿qué le resulta atractivo o no le resulta atractivo? Explíquelo.
- ❒ ¿Qué pensaría si su grupo pequeño adoptara las ocho funciones de una comunidad bíblica? ¿En qué sentido eso mejoraría su sentido de relación de unos con otros? ¿Cuáles son los obstáculos para que esto se haga realidad?
- ❒ Comente sobre la enseñanza principal que ha sacado de este capítulo.
- ❒ Identifique y exprese un paso de acción personal que va a dar para hacer más espacio para la vida.
- ❒ Ejercicio de edificación de la comunidad: Lleven a cabo un proyecto sencillo de compasión como grupo (ejemplos: Visitar el hogar de ancianos local, servir la comida en el refugio para desamparados, hacer cosas a favor de viudas ancianas de su comunidad o de la iglesia). Después, hablen acerca de los beneficios de hacerlo como grupo.

Medidas personales

CAPÍTULO 12

Obstáculos de la vida: Primera parte

Enfrentemos las tareas escolares y los deportes

Hay muchas oportunidades y obstáculos que enfrentamos en nuestra búsqueda para hacer espacio para la vida. Confío que se esté sintiendo atraído a los principios e historias que hemos presentado. Es probable que le esté dando dolor de cabeza pensar en todas las cosas que tiene que cambiar para lograr alcanzar la meta. No hay duda de que hay algunas actividades en su vida que promueven esa falta de conexión y, sin embargo, no está seguro de que quiera dejarlas. Está bien. En este capítulo y en el siguiente quiero ayudarle a pensar en algunas de las barreras más comunes para la implementación de este sueño. Las llamo «Obstáculos de la vida». En este capítulo nos enfocaremos en los hijos, y en el siguiente hablaremos sobre el trabajo.

Cuando lidia con la necesidad de cambiar, necesita preguntarse *qué nivel de cambio está dispuesto a llevar a cabo.* Hay tres niveles en los que hay que pensar:

Primer nivel: Cambio modesto: mejoramiento en el sistema existente
Segundo nivel: Cambio sustancial: cambio importante del sistema existente.
Tercer nivel: Cambio radical: sustituir el sistema antiguo por otro nuevo.

No todo lo que necesita cambio requiere un método radical. A veces lo único que hace falta es hacer ajustes modestos. Si eso es todo lo que se requiere para la eficiencia, debiera hacerlo. Los cambios modestos son los más fáciles de implementar y crean la mínima cantidad de conflicto y discordia. No obstante, a veces un cambio modesto no va a traer de verdad mucho alivio en un estilo de vida caótico. En ocasiones la situación requiere un cambio sustancial o aun radical. Esto casi siempre demanda bastante valor y visión. Casi nunca a los pioneros se les llama así porque se enfrenten a la vida con cambios modestos aquí y allá. Si quiere encontrar una nueva forma de vida, y si es como son la mayoría de las familias estadounidenses, es probable que eso requiera una acción más sustancial o radical de su parte.

A medida que analicemos los siguientes obstáculos comunes que impiden hacer espacio para la vida, tendrá que decidir qué nivel de cambio quiere para su vida. A veces solo tendrá necesidad de hacer un cambio modesto. Sin embargo, cuando llegue a ciertos asuntos, es probable que necesite hacer cambios más sustanciales o radicales a fin de experimentar el éxito o tener alivio. Marque el método que tiene más sentido para usted.

Deportes de los hijos

Esto quizá sea el equivalente al automóvil, o el segundo después de él, como el mayor obstáculo para hacer espacio para la vida (véanse los capítulos 7 y 8). Los programas de deportes de los hijos no son malos en sí mismos. Sin embargo, en las zonas suburbanas promedio de hoy, los deportes se han apoderado de las horas de la tarde y de los fines de semana, y mantienen a la familia en el auto y los alejan de la cena familiar, de la conversación y del juego espontáneo. Aquí tiene tres opciones a considerar:

1. ❑ **Cambio modesto**: *Inscriba a sus hijos para los deportes con los hijos de otras familias del vecindario.* Este plan le brinda algunas opciones. Cuando asiste a un juego, puede contarle la experiencia a su círculo de familia y amigos. Puede incluso invitar a vecinos que ya no tienen hijos en casa a disfrutar de un partido con ustedes. Para las prácticas, los adultos pueden turnarse en llevar a los hijos en los autos y estar esperando en el campo. En nuestra familia hicimos esto por años, y nos ayudó. Aun así, al tener una familia de cuatro personas, eso no nos ayudó mucho a la larga. El cambio modesto no bastó para ser eficientes en nuestra familia.

2. ❑ **Cambio sustancial**: *Limite el número de deportes y actividades en los que sus hijos van a participar cada año; elija actividades que pueden realizarse a primera hora de la tarde, los sábados o durante el día en el verano.* Esta propuesta requiere que sea capaz de decir no, y eso es sustancial. No obstante, esta opción no solo limita el número de deportes, sino también la clase de deportes. Aquí los padres buscan programas de deportes y actividades que las prácticas y juegos no crean dificultades para la convivencia familiar.

3. ❑ **Cambio radical**: *Boicotear los deportes organizados hasta que sus hijos pasen a los últimos años de la enseñanza media.* Para los niños en edad de escuela primaria, opte por elegir juegos en el vecindario o en el parque local. Para cuando los niños entran en la secundaria ya han desarrollado bien sus habilidades de coordinación. Antes de ese tiempo es debatible cuánto beneficio obtienen para desarrollar esas habilidades por jugar deportes organizados. Además, la mayoría de las escuelas son dueñas de sus instalaciones, de forma que controlan el tiempo de las prácticas y los juegos. Los entrenadores, en su mayoría, son maestros que desean tener las prácticas inmediatamente después de las clases en vez de tener que volver más tarde. Esto funciona bien para las familias que valoran cenar juntos y les gusta dedicar la noche para conversar y descansar. Por supuesto, tendrá que

animar a sus hijos a disciplinarse y hacer las tareas escolares durante el día en la escuela o los sábados a fin de poder seguir en los deportes. De no ser así, realizarán las tareas escolares en la noche, y su familia sigue con los mismos problemas.

Esta propuesta sugiere que las actividades físicas son apropiadas para los escolares de primaria, pero que no es necesario que estén organizados en ligas y competiciones formales para que sean eficaces. ¿Cuándo fue la última vez que vio a niños de cuatro a seis años jugar baloncesto, béisbol o fútbol? Si suelta una risita nerviosa al recordarlo, se dará cuenta de que es demasiado para que realicen estas cosas. Tampoco estoy seguro si estos padres jóvenes y tan competitivos están preparados para ese drama sin sentirse mal al verlos todos sentados en las bancas. Este tipo de padres tan ansiosos de éxitos debiera tomar algunas clases de buen comportamiento y dominio propio antes de que los admitan de manera oficial como espectadores del equipo de su hijo.

Recuerdo que un día temprano me encontraba en un campo de fútbol. Me alegró ver el partido que iba antes del de mi hijo sin tener que hacer una inversión emocional en él. Observé a un joven papá que iba de un lado a otro por un lateral del campo dándole indicaciones a su hijo. No era el entrenador. Me encontraba en las gradas cerca de un papá más viejo y experimentado. Nos miramos el uno al otro, sonreímos, y él dijo: «Se nota que este es su primer hijo en los deportes. Todavía piensa que va a entrenar a su hijo y convertirlo en el siguiente Pelé».

Una posible solución: Llame a un buen grupo de niños del vecindario (y quizá a algunos de sus compañeros de escuela) para que elijan entre varios deportes, y déjelos jugar. Solo organícelos un poco alrededor de las mismas prioridades familiares de todos y va a quedar demostrado que van a divertirse tanto (o quizá más) que con los programas de mucha organización. Una idea: Deje que los adolescentes dirijan y entrenen a los más jóvenes. Esa es la opción que nosotros al fin hemos llegado a adoptar. Es la mejor manera de que las cosas resulten. Lo único que me duele es no haber tenido esa sabiduría hace diez años. (Dicho sea de paso, si los padres o los parientes políticos le han dado este libro, y tienen hijos, puede que este capítulo sea la razón principal por la que se lo regalaran).

Tarea escolar de los hijos

La tarea escolar para hacer en casa es otra oportunidad y obstáculo cuando buscamos hacer espacio para la vida. Es una oportunidad porque la buena educación es algo muy valioso que les va a servir a sus hijos por el resto de sus vidas. Puede ser también un obstáculo cuando un hijo hace con frecuencia las tareas por la noche. Recuerde que establecer límites en las actividades deportivas y extracurriculares puede ayudar a resolver este asunto.

En realidad, este asunto puede ser bastante complicado porque hay cinco razones importantes por las que la tarea escolar puede descontrolarse: (1) El hijo tiene dificultades de aprendizaje y le cuesta hacer la tarea de la escuela. (2) El hijo participa en demasiadas actividades extracurriculares. (3) El hijo le motiva mucho sobresalir en la escuela y tiene tendencia a ser adicto al trabajo. (4) El hijo no usa con sabiduría su tiempo en la escuela. (5) El maestro no es muy eficiente enseñando.

Debido a diversos factores, puede que las tres soluciones que indico abajo no sean las adecuadas en su caso. Siéntase libre para desarrollar sus propias ideas y elija las que considere mejores.

1. ❑ **Cambio modesto**: *Dé a su hijo un incentivo para que termine la tarea de la escuela antes de las seis de la tarde y use el sábado para adelantarse.* La mayoría de las escuelas dan a los alumnos tiempo suficiente para terminar su tarea mientras están en la escuela, pero con frecuencia no aprovechan bien esta oportunidad. (Esto es muy humano, puesto que los adultos hacen justo lo mismo). Quizá quiera leer de nuevo el capítulo 9 sobre los diez principios de productividad y ayudar a sus hijos a

aplicar estos principios al trabajo de la escuela. Esa será una gran oportunidad para que los guíe. Esto, sin embargo, quizá no sea suficiente. Puede que le convenga probar con un poco de incentivo. Cada día que su hijo termina la tarea de la escuela antes de las seis de la tarde, consigue un pequeño premio o recompensa. A causa de que nuestros hijos son mayores, les damos un dólar cada día. Desde luego, hay excepciones, tales como prepararse para un examen o un proyecto especial de la escuela que ocupa varias semanas, y otros así, y sus calificaciones deben reflejar que no se apresuraron en la tarea solo para obtener la recompensa. Esta práctica es algo común en el mundo de los negocios. Muchos contratos se establecen con incentivos a fin de terminar el trabajo a tiempo o antes de la fecha límite.

Los sábados es también una posibilidad. Recuerde, en la planificación hebrea del día, el sábado es también otro posible día de trabajo desde las seis de la mañana a las seis de la tarde. Si es judío o adventista, puede usar el domingo en vez del sábado como su día de trabajo.

2. ❐ **Cambio sustancial**: *Haga todo lo mejor posible a fin de lograr que sus hijos terminen la tarea de la escuela para antes de las seis de la tarde y esté dispuesto a aceptar calificaciones menores de sobresalientes.* Cada hijo es diferente. Algunos reciben muy buenas calificaciones haciendo el mínimo esfuerzo, mientras otros trabajan mucho y solo logran calificaciones modestas. Algunos hijos no pueden marchar tan bien como otros en la escuela. El estilo de aprendizaje de algunos niños no coincide con los métodos adoptados por la escuela. Recuerde que el éxito en la vocación o llamamiento no está siempre determinado por las altas calificaciones conseguidas en la escuela. En realidad, a veces es todo lo contrario. El éxito requiere el equilibrio de una buena formación en la escuela; nuestra propia competencia en un campo de los estudios; buena habilidad de relaciones; personas que nos guíen; buena salud física, mental, espiritual y emocional; motivación; y la ayuda de Dios.

Si considera que ya ha implementado un nivel modesto de cambio y eso no ha producido los resultados apetecidos, quizá quiera pensar en cambios sustanciales. Hace varios años uno de mis hijos jugaba en un equipo organizado de béisbol. Una noche llegamos a casa a las diez de la noche, solo para descubrir que tenía pendiente la preparación para un examen sobre historia del Canadá al día siguiente. (Me doy cuenta de que puede ser una sorpresa para algunos que los de Tejas estén interesados en algo más que en su propia historia; sí que lo estamos, pero muy poco. Estoy bromeando). Mi esposa empezó a meterle con embudo datos e información correspondientes al Canadá. Para las once y treinta la productividad había llegado al nivel mínimo y las emociones estaban en su nivel máximo de calentamiento. Dado que tenía un poco de experiencia en teoría educacional, le di a los dos un descanso muy necesitado y eché un vistazo al material. Eso era educación en su peor expresión, todo consistía en una lista interminable de pedazos de información sin un buen conocimiento de la idea principal y general. En vez de aportar un buen conocimiento de la belleza, cultura y significado de la historia del Canadá, lo habían reducido todo a una serie de hechos y datos tontos y sin relación. En vez de inspirarle pasión por visitar el Canadá, me imagino que iban a ser necesarios varios años de reeducación de mi hijo y de terapia para lograr que quisiera irse de vacaciones por propia iniciativa a este hermoso país. Al final mi hijo se hartó después de tres horas de memorización y gritó: «¡Ya está bien!». Todo el material se acumuló en su almacén de memoria a corto plazo para el examen. A los pocos años ya no recordaría nada acerca del Canadá, y mucho menos querer tomar una clase sobre ese país. Le dijimos a nuestro hijo que hiciera su mejor esfuerzo y que los resultados serían de todos y los celebraríamos. Consiguió un «aprobado». Esa noche nuestro hijo nos habló de los resultados y todos lo celebramos. Ese fue un momento importante para nuestra familia. A los hijos hay que animarlos a conseguir las mejores calificaciones posibles, pero en ciertos momentos y circunstancias una calificación menor puede ser lo mejor para todos.

3. ❒ **Cambio radical**: *Tenga la escuela de sus hijos en la casa.* A algunos esto les parecerá un remedio extremo. (Por eso se llama radical). Los cambios radicales significan la eliminación de sistemas antiguos o comunes por otros nuevos. El beneficio clave para la escuela en la casa es que en cuanto a hacer espacio para la vida pone el control de la situación en manos de la familia. Muchos maestros hoy en las escuelas públicas y privadas tienen que controlar entre veinte y treinta niños en una clase, lo que hace que el tiempo, que debieran dedicarlo a enseñar, se use solo en el control. El ambiente es sencillamente ineficaz.

Al investigar el movimiento de la escuela en la casa como una posible opción para mis hijos, encontré cuatro beneficios sustanciales:

1. La mayoría de los alumnos terminan la tarea para el mediodía o para la una de la tarde.
2. El movimiento ha crecido para incluir varios enfoques. Hay programas que requieren que la mamá o el papá se queden en casa para tener un certificado de enseñanza. Sin embargo, también hay programas que planean todas las lecciones, usan tecnología de aprendizaje a distancia por Internet e incluso ofrecen interacción con maestros bien preparados y experimentados.
3. Los alumnos que disfrutan de la escuela en la casa parecen estar bien formados. La objeción de que les priva de interacción social es un mito. Siempre que me he encontrado un niño que sostiene una conversación inteligente y agradable con adultos y niños de varias edades, nueve de cada diez veces recibieron la educación escolar en la casa. Estos no eran los resultados que esperaba encontrar, sino una realidad adicional que tuve que reconocer.

4. Los niños que estudian en casa pueden obtener una educación superior. No se necesita ser muy listo para examinar los resultados que aparecen en revistas prestigiosas y darse cuenta que los que tienen la escuela en casa superan a los de los programas institucionales.

Si bien hay muchas cosas que tener en cuenta antes de embarcarse en algo así, es obvio que se trata de una opción si los cambios modestos y sustanciales no producen los resultados deseados. Lo importante es que esté decidido, que sea intencional y que tome decisiones antes de que sus hijos crezcan y sea demasiado tarde.

Sin duda, los Estados Unidos se ha convertido en una nación centrada en torno a la actividad de los hijos, llevada a cabo, en sentido general, por el beneficio de los hijos. Quisiera sugerir, sin embargo, que estos estilos de vida sobrecargados, demasiado planeados y organizados, agitados y pendientes del auto en los que metemos a nuestros hijos son perjudiciales. Aunque nuestros hijos debieran tener metas, sueños y ambiciones elevadas, necesitan un estilo de vida que sea saludable y una comunidad sana a fin de alcanzar esas metas. Eso es lo que deseamos alentar con este capítulo. Decida por sí mismo qué acción debiera tomar su familia, y luego háganlo.

Mis opiniones sobre este capítulo

Discusión para grupos pequeños

- ❐ Use este caso de estudio familiar para asegurarse que todos entienden el concepto detrás del nivel de cambio:

  Su familia quiere tener una mesa de billar en casa, pero usted tiene que abrir espacio para poder acomodarla.

  Identifique un cambio que sea modesto, otro sustancial y otro radical que serían necesarios. Pida a cada miembro del grupo que vote en la opción que considera la mejor solución del problema.

Hagamos espacio para una mesa de billar
Cambio modesto:
Cambio sustancial:
Cambio radical:

- ❐ Examine los tres cambios recomendados en la esfera de los deportes de los hijos. Pida a cada persona que vote a favor de la que considera es la mejor y luego diga al grupo por qué. Se pueden dan diferentes soluciones.

- ❐ Examina los tres cambios recomendados en la esfera de las tareas escolares para hacerlas en casa. Pida a cada persona que vote a favor de lo que piense considera la mejor y luego digan al grupo porqué. Se pueden dar diferentes soluciones.

- ❐ Comente sobre la enseñanza principal que ha sacado de este capítulo.

- ❒ Identifique y exprese un paso de acción personal que va a dar para hacer más espacio para la vida.
- ❒ Ejercicio de edificación de la comunidad: Programe un tiempo antes de su próxima reunión (o para su siguiente reunión) a fin de organizar distintas actividades deportivas para los hijos.

Medidas personales

CAPÍTULO 13

Obstáculos de la vida: Segunda parte

Enfrentemos las presiones del trabajo

Ya lo hemos declarado varias veces en este libro, pero digámoslo de nuevo: *El trabajo es algo bueno.* Nos crearon para ser trabajadores con un propósito. Dios trabaja y nos creó para hacer lo mismo. Nuestro trabajo tiene el propósito de proveer para nuestras necesidades básicas de alimento, ropa y casa. Aun así, los beneficios del trabajo van más allá de esto. Hay una forma de estrés bueno, llamado *eutrés*, que todos necesitamos para el enriquecimiento y realización de nuestras vidas[64]. El trabajo es una de las grandes válvulas de escape provistas por Dios para esta experiencia. Sin embargo, nos metemos a en toda clase de dificultades cuando no establecemos límites a nuestro trabajo. Caídos sobre nuestros escritorios, oramos diciendo: *Amado Señor, ayúdame a cumplir con este reto que me he impuesto y que es del todo innecesario.*

Mantengamos el trabajo en equilibrio

En este capítulo quiero ofrecerle algunas sugerencias prácticas sobre cómo mantener el trabajo en equilibrio con las relaciones y el descanso. Hay cinco escenarios diferentes de trabajo en los que las personas tienen problemas para mantener las cosas bajo control: la familia en que los dos trabajan, la familia monoparental, los empresarios, los que trabajan por turnos y los que viajan por cuestiones de trabajo.

Cuando los dos trabajan

En mi tarea como pastor, he encontrado que las esferas de ministerio que sobresalen son las que tienen líderes bien motivados y dedicados por completo a la tarea que dirigen. Lo mismo sucede con el manejo de la familia y con mantener a cada uno y cada cosa en equilibrio. Si hay alguien bien motivado y dedicado por entero a supervisar los asuntos familiares, las posibilidades de éxito son muy superiores.

El cuidado de una familia exige tiempo, habilidades y planificación intencional. El que tenga dudas en cuando a esto es que nunca lo ha vivido. En muchas familias de hoy, los dos padres trabajan con dedicación exclusiva fuera del hogar, lo que permite pagar todas las cuentas, pero también crea mucho estrés para todos en la familia. Si esta es la situación en la que se encuentra, piense en las siguientes sugerencias.

1. ❒ **Cambio modesto**: *Hay que ser muy intencional y planificar con tiempo.* Si siente que no hay manera de eliminar o reducir el trabajo de la esposa o no están dispuestos a pensar en ello, tienen que decidir estar bien organizados y ser intencionales. Esto involucra, pero no está limitado a ello, tener un programa y horario estricto acerca de quién va a estar en determinado lugar y a qué hora; qué hay que hacer y a qué hora; cuándo va la familia a tener la cena; cómo se va a preparar la cena mientras los demás trabajan; cómo cada uno en la familia va a tener responsabilidades por igual. Si ambos padres trabajan fuera de casa con dedicación exclusiva, creo que el manejo de la casa debe ser un arreglo de cincuenta por ciento. Hay que dividir las tareas y asumir la responsabilidad en lograr que las cosas se hagan a su hora

y dentro de los límites establecidos, a fin de disfrutar de tiempo de relaciones con la familia y los amigos.

2. ❐ **Cambio sustancial:** *Procure tener un horario flexible.* Si están convencidos de que necesitan los ingresos de los dos a fin de atender las necesidades básicas de la familia, pero desean simplificar los horarios y profundizar las relaciones, piensen en buscar trabajos que les permitan un horario flexible. Busque un trabajo que le permita trabajar en casa o ajustar su horario (véanse mis ideas al respecto en la página 126).

3. ❐ **Cambio radical:** *Ajústense a un solo ingreso.* Siempre y cuando no los dominen las deudas, necesitarán un año para establecer esta opción para su familia. Si han acumulado muchas deudas a lo largo de los años, puede que necesiten de tres a cinco años para alcanzar esta meta. Lo más importante ahora es que se preparen usted y su familia para reducir el consumo, poner límites en su estilo de vida y eliminar las compras que no son necesarias en verdad. Cada vez hay más personas que lo practican y encuentran gran libertad en hacerlo. Descubren que menos puede ser más: Menos que pagar y menos que mantener. Están también descubriendo que menos no significa necesariamente menos calidad, es menos desembolso de dinero en general. Si compran o alquilan un lugar menor que requiere menos gastos generales mensuales (incluyendo impuestos de la propiedad y servicios), ya no va a necesitar tanto mobiliario y accesorios para decorarlo como es digno. Nuestra familia ha adoptado la práctica de «calidad en una escala menor». No obstante, en la vida hay mucho más que cosas de calidad; he insistido en este libro en llenar la vida con relaciones de calidad. He aquí dos preguntas para considerar: ¿Quiere de verdad trabajar todo el día y parte de la noche para pagar una casa mayor en la que no pasa tiempo? ¿O prefiere aligerar sus pagos y, por consiguiente, su carga de trabajo y estrés al comprar o alquilar una casa más pequeña que pueda disfrutar con su familia y amigos? Después de todo, como decimos en nuestra casa, *uno solo puede estar en un cuarto a la vez.*

Al leer estas palabras muchos van a sentir que los cambios sustanciales y radicales son solo para las personas con dinero. Nada puede estar más lejos de la verdad. Debido a la falta de dinero es que tenemos que prestarle detenida atención a estas opciones y olvidarnos de tratar de ir al ritmo que quiere marcarnos la sociedad de consumo. Tenemos ciertos gastos bien fijos en nuestras mentes como si fueran necesidades y derechos en vez de pensar en lo que son de verdad: comodidades opcionales. Esa clase de pensamiento nos mete en muchos problemas. Considere la sorprendente información fruto de la investigación del profesor Robert Frank de la universidad Cornell:

> Mientras que la mayoría de las familias en la Edad Dorada tenían que luchar para proveer a sus hijos de alimento, vestido y techo adecuados, estas necesidades ya no son una preocupación excepto para una pequeña fracción de todas las familias. Veinte por ciento de lo último de la población solo dedica cuarenta y cinco por ciento de sus ingresos a comida, ropa y albergue, en vez de setenta por ciento como sucedía en 1920. Para la mayoría de las familias, el reto económico actual no es adquirir los bienes que necesitan, sino los bienes que quieren[65].

La familia monoparental

Como pastor, nunca me he sentido tan preocupado por un grupo específico en mi congregación como lo estoy hoy por los padres solos. Llevo ya casado con Rozanne más de veinte años. Opinamos lo mismo en cada esfera importante. Estamos dedicados por completo a nuestra familia y llenos de energía y, no obstante, hacer que la vida funcione demanda todo lo que llevamos dentro. Me cuesta imaginar cómo un solo padre puede llevar toda la carga. Las dos respuestas que casi siempre recibo de estas personas cuando les pregunto cómo manejan la situación son: «Por la gracia de Dios» o «Pastor, ¡no lo logramos!». En los últimos tiempos me han inspirado algunas (y con todo, en creciente número) de estas personas que realizan un trabajo excelente. ¿Qué hacen?

Lo que hacen es la única solución que puedo ofrecerles. (Puede decidir si es un cambio modesto, sustancial o radical).

Relaciónese de manera profunda con un círculo intergeneracional de familias cristianas que vivan cerca de usted, preferiblemente dentro de su propio vecindario. Para muchos, el resto de nuestros familiares no vive en la misma ciudad. De ser así, existe la posibilidad de que pueda confiar en ellos para echarle una mano. Muchas veces no tienen buena salud y pedirles ayuda complica aun más las cosas. No tiene otra solución que apoyarse en la comunidad cristiana para esa clase de ayuda que necesita, lo que es una de las razones por las que Dios nos llama a vivir en comunidad. Tenga muy en cuenta, sin embargo, que esto no es una propuesta de una sola dirección en que la comunidad cristiana siempre está dando y los otros siempre están recibiendo. Es una comunidad donde nos ayudamos los unos a los otros en las diferentes maneras en que podemos hacerlo. Esa es la «cuerda de tres hilos que no se rompe fácilmente» de la que hablaba Salomón (Eclesiastés 4:12).

Los empresarios

Los empresarios tienen lo mejor y lo peor de todos los mundos. A los empresarios les resulta muy fácil porque tienen el control total de su horario. Al mismo tiempo, les resulta muy difícil por la misma razón. Debido a que tienen el control, disfrutarán de la mayor libertad para implementar los principios de este libro sin las demoras de la burocracia. Sin embargo, a la mayoría de los empresarios les gusta su trabajo, y nadie está a su lado para decirles que paren de trabajar. Además, los empresarios puros no saben cuándo van a recibir su siguiente cheque, así que nunca paran. Así que, a pesar de que la mayoría de los empresarios tienen completa autoridad para hacer espacio para la vida, no lo hacen.

Tengo dos soluciones para que el empresario las considere, una requiere cambio sustancial y la otra cambio radical. (No les ofrezco una sugerencia modesta porque la mayoría de los empresarios que conozco nunca la aceptan, ¿entonces para qué ofrecerla?

1. ❐ **Cambio sustancial:** *Adopte el «sistema de administración del tiempo de la creación»*. Dios, el empresario de mayor éxito de todos los tiempos, lo aplicó con éxito. El principio lo encontramos en Génesis 1. Cada día Dios se enfocó en una cosa, y cuando la terminó, Dios dejó el trabajo por ese día. En el cuarto día Él dijo: «Hoy voy a crear el sol, la luna y las estrellas». En el quinto día dijo: «Hoy voy a crear los peces y los pájaros». En el sexto día dijo: «Hoy voy a crear a los animales y a los seres humanos». De igual manera, es un plan sabio para el empresario identificar algo central para cada día de la semana. Por ejemplo, el lunes podría ser «El día de los que van a la cabeza en las nuevas ventas». Tenga una ficha lista con los nombres de los primeros en nuevas ventas para hablar con ellos. Levántese en la mañana y céntrese en eso. Cuando termine con esas llamadas, finalizó con su día. Algunos días la tarea le puede ocupar dos o tres horas, otros días quizá necesite diez. Muy rara vez debiera trabajar después de las seis de la tarde.

Tengo características empresariales, pero no me consideraría un empresario en el sentido puro de la palabra. Con todo, debido a que tengo flexibilidad en mi tarea he encontrado que el sistema de administración del tiempo de la creación me da muy buenos resultados. Aquí tiene cómo enfoco mi trabajo semanal:

Lunes: día del sermón
Martes: día de desarrollo
Miércoles: día de administración
Jueves: día del personal
Viernes: día de descanso (familia, recreación)
Sábado: día opcional (proyectos en casa, reuniones ocasionales de trabajo, etc.)
Domingo: día de descanso (excepto para predicar un par de sermones)

De lunes a sábado cuento con doce horas disponibles para completar las prioridades de ese día. Las cosas que solo yo puedo o debiera hacer. Una vez que las he hecho, se ha terminado mi día de trabajo. En ese tiempo está incluido verificar mi correo electrónico tres veces al día (mañana, mediodía y tarde). En algunos días he terminado en unas pocas horas; muchos días tengo que esforzarme bastante para lograr estar en casa a las seis de la tarde.

Una de las cosas que los maestros empresariales enseñan es que uno necesita apartar un día a la semana para las tareas administrativas. A los empresarios casi nunca les gustan las tareas administrativas, y por eso tienden a pasarlas por alto, lo cual va en su perjuicio. Así que, empresarios, tomen una hoja de papel y empiecen a usar el sistema de administración del tiempo de la creación.

2. ❒ **Cambio radical**: *Despídase (en otras palabras, consiga un trabajo auténtico).* Si usted no puede conseguir poner en equilibrio su funcionamiento empresarial y está agotado más allá de lo que es el típico *eutrés* empresarial, puede que necesite dejar por un tiempo esa actividad. Me considero como un empresario de equipo. Tengo características empresariales, pero trabajo con un equipo y recibo un cheque auténtico cada quince días. Hay dos clases de personas para las que este quizá sea un buen consejo: (1) los verdaderos empresarios que nunca logran terminar su trabajo en este tiempo de la vida y en las presentes condiciones económicas, y tienen una familia y su vida está del todo fuera de control, y (2) personas que quieren ser empresarios, pero que no lo son en realidad. Eso de ser empresario se ha glorificado en las últimas décadas, pero no es tan glorioso a menos que esté dotado para ser uno de ellos.

Los que trabajan por turnos

Si hay todavía alguna persona que trabaja por turnos y sigue leyendo este libro, ¡felicitaciones! Los límites estrictos de la planificación hebrea del día no dan muy buenos resultados en los que trabajan en el segundo y tercer turno. No obstante, si ha seguido leyendo hasta aquí es porque doy por sentado que cree en estos conceptos y principios, pero quizá no sabe cómo aplicarlo. Déjeme darle algunas sugerencias:

1. ❐ **Cambio sustancial**: *Haga todo lo que se recomienda en este libro, pero hágalo en un tiempo diferente.* Si ha leído las páginas anteriores, en especial el capítulo 5, ya sabe que trabajar de forma continua después de las seis de la tarde puede crear, y es muy probable que lo hará, varios problemas físicos, emocionales y de relaciones serios. Es más, nuevos estudios muestran que las mujeres que trabajan los turnos de noche tienen treinta y cinco por ciento más de posibilidades de desarrollar ciertas formas de cáncer que los que trabajan de día[66]. No obstante, si hacer ese cambio no es posible, debiera ser muy intencional en cuanto a las relaciones y el descanso. Tome los tres segmentos de un día de veinticuatro horas (productividad, relaciones y sueño), siéntese con su familia y amigos y establezcan un plan. ¿Cuándo van a disfrutar juntos de una comida? (Quizá sea el desayuno en vez de la cena). ¿Cuándo es el día de completo descanso para toda la familia si no es el domingo? ¿Qué bloque de ocho horas va a usar para dormir? Aunque no me entusiasma mucho en cuanto a esta opción, puedo decir que trabajar el segundo o tercer turno con límites e intencionalidad es mucho mejor que trabajarlos sin esos límites e intencionalidad.

2. ❐ **Cambio radical**: *Procure cambiar al primer turno.* Ya le escuché decir entre dientes: *Ah, el autor tiene un gran dominio para lo obvio.* Sí, es evidente, pero difícil de hacer. Algunos, no todos, escogen el segundo o tercer turno porque reciben más dinero. No creo que valga la pena por lo que pierden a cambio. Prefiero que ambos esposos trabajen que tratar de manejar el segundo o tercer turno con el resto de la vida. La dura realidad es que el resto de la familia nunca se acopla por completo al horario de los que trabajan por turnos.

Si acepta los principios de este libro, tiene que hacerse estas preguntas:

- ¿Qué tipo de cambios tendríamos que hacer en nuestros hábitos de gastos para que esto tenga éxito?
- ¿Dónde podemos ir para salir de este ciclo de trabajo?
- ¿Qué clase de estudio o preparación necesito a fin de cambiar a un turno de día y seguir ganando el dinero suficiente para proveer de forma adecuada para las necesidades de mi familia?

Muchas carreras (enfermería, comerciantes al por menor, etc.) cuentan con opciones de trabajo durante el día que quizá quiera considerar. Durante los dos últimos años mi hija ha querido trabajar para ganar algo de dinero. Buscó trabajo en una tienda de ropas. Hablamos sobre esto y decidimos juntos que debiera dirigirse a tiendas que cierran a las seis de la tarde de lunes a sábado y cierran los domingos. Dio buenos resultados. No pienso que las tiendas debieran estar abiertas después de las seis de la tarde, y creo debieran cerrar por completo al menos un día a la semana. (Me imagino que muchas personas no están de acuerdo conmigo, en razón de que en la mayoría de los lugares del país se han aprobado leyes permitiendo que se abra toda la semana).

Mi suegro fue un vendedor independiente y exitoso de productos alimenticios. Conocía a sus clientes, los trataba con respeto y los ayudaba cuando no andaban bien en lo económico. Ellos a su vez le fueron leales y volvían a la tienda. Las cadenas de supermercados aparecieron en la ciudad en la década de 1960 y estaban abiertas los siete días de la semana, veinticuatro horas al día. Les obsesionaba hacer dinero y no se preocupaban por la red de relaciones y la comunidad, aunque su publicidad comercial trataba de sugerir lo contrario. No creo que las personas compren más solo porque las tiendas estén abiertas todo el día. Lo que sucede es que ampliamos las opciones de cuándo uno puede comprar. Por años pasaba por pueblos pequeños donde todo quedaba cerrado a las cinco de la tarde. En mi ignorancia, solía pensar: *¡Qué pueblo tan atrasado! ¡Nunca podría vivir aquí!* Pues estaba bien equivocado. Mi suegro fue lo suficiente sabio como para ver las nuevas tendencias comerciales y vendió su tienda cuando todavía merecía la pena. Unos años después de venderla tuvieron que cerrarla por falta de clientes, no podían competir con las cadenas de supermercados que estaban abiertas todo el día y toda la semana.

Me doy cuenta que hay personas que tienen el llamado a servir en vocaciones que requieren trabajar de noche. Conocí una vez a una señora que se sentía llamada a trabajar en el teatro. Me gusta el teatro y me agradaría que solo tuvieran sesiones de día, pero si uno tiene la vocación de trabajar en el teatro, puede que no tengan otras opciones. Si Dios le llama a hacer determinado trabajo, Él le dará las fuerzas para hacerlo. Sin embargo, tendrá que ser muy intencional en cuanto a procurar mantener un buen equilibrio entre su trabajo, sus relaciones y su descanso. Trabajar de noche puede tener su efecto sobre su cuerpo a la larga, pero si cree que Dios lo llama a eso, no dude en hacerlo.

Quiero ser sensible con la persona atrapada en una situación en la que no parece contar con otras posibilidades. Estas no son personas que pagan el auto último modelo que por capricho quisieron comprar o que queman dinero en cigarrillos. Estas son personas atrapadas en un círculo vicioso. Estoy pensando en mujeres que están solas con los hijos y trabajan con dedicación exclusiva durante el día y luego trabajan por la noche en un restaurante a fin de lograr poner pan en la mesa y pagar todas las cuentas de hospitales. Ella no va a lograr salir sola de una situación así. Como dijimos antes, este es un fuerte toque de llamada a la iglesia cristiana, un llamado para acudir, conectarse con las personas y restituir lo que «comió [...] la langosta» (Joel 2:25, RV-60). La iglesia debe conectar a estar persona con la clase de comunidad cristiana saludable que puede ayudarla en diversas formas: Ayudarla a que pueda estar con sus hijos, ayudarla a encontrar un lugar en el que pueda vivir dentro de sus posibilidades y proveerle ayuda para que vuelva a la escuela y se asegure un trabajo que le brinde mejores ingresos.

Los que viajan por cuestiones de trabajo

El último obstáculo de la vida que quiero examinar es el que enfrentan los que viajan por cuestiones de trabajo. Muchas personas en nuestra congregación toman un avión el lunes por la mañana y no regresan a casa hasta el viernes por la tarde, y eso lo hacen semana tras semana. Es cierto que esto puede resultar por un tiempo para una persona joven, pero a la larga elimina las mejores posibilidades de la vida. Mientras escribo este capítulo, voy viajando en un avión a once mil metros de altura, en alguna parte entre California y Tejas. No sugiero que los viajes de negocios no tengan su lugar, pero han llevado a una situación de descontrol para muchas personas hoy. Piense en estas opciones.

1. ❐ **Cambio modesto**: *Haga los viajes tan cortos como le sea posible.* Cuando programo un viaje para hablar en alguna reunión (lo que suele suceder una vez al mes), procuro dos cosas: (1) ¿Puedo hacer esto en un día o no estar más de una noche fuera de casa?, y (2) ¿puedo llevar a mi familia conmigo? He encontrado que si esto lo hablo y lo planeo con tiempo, la mayoría de las veces puedo hacerlo. No obstante, si esto no es una meta desde el principio cuando se planea, queda con frecuencia a merced de otros que no tienen necesariamente mucho interés en su vida personal y salud. A veces, cuando debo ir, me siento con mi familia con anticipación y tomamos algunas decisiones que nos ayudan a recuperar el tiempo perdido por causa del viaje. A veces digo que no al viaje y lo cancelo por completo.

2. ❐ **Cambio sustancial**: *Utilice la tecnología para reducir los viajes.* Con la aparición de nuevas y extraordinarias tecnologías y sistemas, con frecuencia parece que hay una forma mejor de hacerlo que meterse en avión y hacer las cosas en persona. Es cierto que no todos los asuntos de trabajos y negocios que requieren relación

personal pueden hacerse mediante correos electrónicos o teléfonos celulares, ¿pero no podrían al menos cortarlo por la mitad?

Hace unos años participé en una conferencia vía satélite organizada por un escritor e investigador popular. El programa tenía una audiencia de más de diez mil espectadores en toda Norteamérica, los cuales podían llamar por teléfono o enviar correos electrónicos, y nosotros podíamos interactuar con ellos. Después de la retransmisión del programa, el organizador me dijo que había podido hablar con más personas en ese solo día que lo que hubiera podido hacer en persona en conferencias pequeñas durante dieciocho meses. Considero que con el aumento del costo de los viajes y los temores después de lo ocurrido el 11 de septiembre de 2001, las conferencias mediante vídeos se están convirtiendo en una opción eficiente y eficaz para muchas empresas y negocios.

3. ❐ **Cambio radical**: *Cambie de trabajo.* Muchas personas aceptan trabajos que requieren viajar mucho porque de esa forma reciben mejor paga. Aun así, creo que el costo es demasiado alto. No hace mucho hablaba con un joven, casado y con dos hijos, que cambió de trabajo para reducir los viajes y la consecuencia fue una reducción de cuarenta por ciento de su salario. Merece la pena escuchar sus comentarios de por qué lo hizo: «Mi meta al aceptar el trabajo [que requería viajar mucho] era ante todo conseguir más dinero y mejorar la calidad de vida de mi familia. Esto era una contradicción. Ganaba más dinero y lo gastaba todo, pero reducía de forma drástica la calidad de tiempo que pasaba con mi familia. Quiero estar con ellos, ver crecer a mis hijos, no solo financiar la familia. Quiero aparecer en las fotografías con mi esposa e hijos. Quiero estar con mi familia y amigos más tiempo, así que me decidí a dar el salto, ¡y no me arrepiento!».

Podríamos decir mucho más acerca del trabajo. Les ofrezco estas ideas sobre lo que creo que son los cinco mayores obstáculos en el mundo del trabajo. Si no se mencionó su problema principal, busque a unos cuantos amigos que respete y confíe en ellos y pídales que le ayuden a pensar en la opción modesta, sustancial y radical que quizá necesite en su circunstancia personal.

Quisiera animarle a vivir con esperanza. Si su trabajo está en estos momentos desequilibrado y le está privando de toda la sustancia de la vida, puede que el cambio para mejorar su experiencia quizá esté ya en el horizonte. El apóstol Pablo aconseja a sus lectores: «¿Eras esclavo cuando fuiste llamado? No te preocupes, aunque si tienes la oportunidad de conseguir tu libertad, aprovéchala» (1 Corintios 7:21). A lo largo de la historia humana, la mayoría de las personas encontró que sus opciones eran pocas. La Biblia no anima a vivir con contentamiento en toda circunstancia (1 Timoteo 6:6; Hebreos 13:5; véase Filipenses 4:11-12). Sin embargo, vivimos en un tiempo único en la historia cuando son posibles numerosas opciones. Aunque hemos usado estas opciones para crear mayor desorden y desequilibrio, puede tomarlas y usarlas para hacer más espacio para su vida.

Mis opiniones sobre este capítulo

Discusión para grupos pequeños

- ❒ Hablen sobre cómo su situación en el trabajo se compara, o es diferente, a la de sus padres. ¿En qué sentido es mejor? ¿En qué sentido es peor?

- ❒ Pida a cada persona del grupo que elija una o dos categorías que describan mejor la situación de su familia relacionada con el trabajo.

  _____ un solo ingreso, uno de los padres se queda en casa
  _____ los dos trabajan
  _____ la familia monoparental
  _____ los empresarios
  _____ los que trabajan por turnos
  _____ los que viajan por cuestiones de trabajo

  Luego hablen de cada categoría por separado. Sigan los pasos bosquejados abajo. Después de terminar con una categoría, repita los pasos a, b y c con la siguiente categoría hasta completar la lista. (No tienen que hablar sobre un tema si nadie en su grupo lo ha seleccionado).

  a. Permita que los que seleccionaron esa categoría hablen sobre sus luchas para mantener todo en equilibrio. (La madre que queda en casa también está incluida. Pues aunque no está empleada fuera del hogar, es posible que esté rara vez en casa, sino corriendo a cada momento de un sitio a otro).

  b. Hablen sobre las soluciones que se sugieren en este capítulo. Mencionen soluciones que pueden ser mejores.

  c. Paren y oren por las personas que participan de esas situaciones. Pidan que Dios les dé sabiduría y fortaleza.

- ❐ Comente sobre la enseñanza principal que ha sacado de este capítulo.
- ❐ Identifique y exprese un paso de acción personal que va a dar para hacer más espacio para la vida.
- ❐ Ejercicio de edificación de la comunidad: Divida al grupo en pequeños grupos de dos o tres personas. Pida a cada persona que elija un principio en el cual enfocarse durante la semana para más tarde hablar sobre ello. Que se llamen unos a otros una vez al día para ver cómo van las cosas. Que hablen de sus experiencias en la siguiente reunión.

Medidas personales

Epílogo

¡Usted puede hacerlo!

«Hacer espacio para la vida» lleva al final a una vida más sencilla. Sin embargo, el camino que lleva allí quizá parezca demasiado complicado. De esa misma manera me sentía yo. Este ha sido un recorrido que me ha llevado diez años, pero no me he lamentado para nada del trabajo que me ha costado llegar a donde estoy hoy.

La meta de un consejero es tomar lo que ha aprendido y pasarlo cuanto antes al estudiante en su vida a fin de que tenga la posibilidad de superar los logros de su consejero. Si el consejero logra eso, tuvo éxito. Esa es mi meta. Si es joven e implementa los principios de este libro ahora, estoy convencido de que llegará allí mucho antes y más lejos que yo. Lo que más deseo es que se convierta en el consejero de la generación que viene detrás de usted y les lleva a adoptar los principios que les permitan hacer espacio para la vida. Si esto sucede y las semillas empiezan a extenderse, nuestros nietos y bisnietos lograrán disfrutar de un mundo muy diferente.

Una de mis mayores alegrías ha sido ver a mis hijos que de forma progresiva se iban adentrando en esta clase de vida. Aunque las decisiones que tomen en el futuro será el factor determinante, pienso que van a llevar estos principios con ellos e incluso pasarlos a otros. Debido a que han crecido con este modelo de comunidad bíblica activa en sus vidas, les parece que eso es lo más natural. Viven esa clase de comunidad con amor y gratitud.

Si es un adulto con menos de sesenta años, es muy probable que esto represente un gran cambio en su estilo de vida que le puede parecer abrumador y difícil. Sin embargo, estoy aquí para decirle: ¡USTED PUEDE HACERLO!

Algunos quizá tengan una personalidad que les gusta los cambios y prefieran métodos sin rodeos. ¡Firmes y adelante! La vida en la tierra es corta. No obstante, a la mayoría de las personas les gusta mojarse primero los dedos de los pies antes de tirarse al agua. Prefieren dar pasitos que les ayude a ganar confianza y valor. Eso también es bueno. Tome la serie de ideas que ha anotado al final de cada capítulo y elija una cosa que planea hacer de forma diferente. Si es como yo, encontrará que una experiencia de éxito le animará a volver a su lista de ideas y probar con otra más. Si tiene dificultades en decidir, ¿qué le parece invitar a una familia de su vecindario a tomar juntos un plato de sopa o sentarse en el jardín de su casa con una jarra de limonada y unos vasos extra y esperar a ver qué pasa? Al poco tiempo, ganará impulso y confianza y, antes de que se dé cuenta, estará allí. ¿Cuál es ese lugar? Es un lugar en el que hay tiempo para las cosas más importantes de la vida; un lugar en el que redescubre los gozos de su vida de familia y la amistad con sus vecinos. Un lugar en el que podrá experimentar las riquezas de la vida en comunidad con Dios, su familia y los demás. En otras palabras, un lugar en el que hay espacio para la vida.

Mis opiniones sobre este capítulo

Discusión para grupos pequeños

¡Felicitaciones! Su grupo ha llegado hasta el final del libro, y confío que al comienzo de hacer espacio para la vida.

- ❒ Pida a cada miembro del grupo que les comente a los demás lo más destacado de haber leído juntos el libro.
- ❒ Identifique a la persona del grupo que más le ha inspirado.
- ❒ Al final de este epílogo, se le pedirá a cada participante que identifique un paso de acción que va a dar como resultado de haber leído este libro. Luego comenten entre sí sus medidas personales.

Medidas personales

La primera medida que tomaré para hacer espacio para la vida es:

Apéndice: Una palabra a los líderes de la iglesia

En el año 2001 escribí un libro titulado *The Connecting Church: Beyond Small Groups to Authentic Community*. Mi visión para ese libro fue invitar a la iglesia a que se convirtiera en la comunidad que deseaba Cristo. La respuesta ha sido, y sigue siendo, impresionante, y he tenido el privilegio de desarrollar relaciones con otros líderes alrededor del mundo que habían estado pensando en hacer algo similar. Sin duda, hay un buen número de pastores que sienten que Dios les llama a facilitar un movimiento hacia una auténtica comunidad bíblica para las personas que el Señor ha puesto bajo su cuidado.

La clave para la iglesia del siglo XXI no será los edificios, los programas ni los grandes sermones y cultos de adoración, y ni siquiera los grupos pequeños como los hemos conocido hasta ahora. Los líderes de la iglesia deben encarar la severa fragmentación y discontinuidad del estilo de vida de los estadounidenses al diseñar planes futuros para satisfacer las necesidades de nuestras congregaciones. Ya no podemos agregar un programa aislado, ni siquiera los de primera calidad, para tratar un aspecto de la vida cristiana. Aunque podemos tener muy buenas intenciones al hacer algo así, es posible que se compliquen más las cosas para unas personas que viven ya apresuradas y agotadas. Nuestro pensamiento debe ser más holístico. La relevancia y el crecimiento de la iglesia va a depender en gran medida de su habilidad para «conectar» de forma auténtica a las personas con la experiencia de hacer juntos que la vida sea más profunda y rica.

Esta nueva comunidad no puede ser de los típicos grupos pequeños aislados de cristianos. Más bien, deben también cruzarse con los grupos locales de ciudadanos que viven cerca de ellos, incluyendo a los que no creen o viven por Jesucristo. Debemos ver nuestro espacio privado, nuestros hogares, como centro para hospitalidad cristiana. Debemos estar más en casa; debemos estar más en nuestro jardín que en nuestro patio. Debemos pasar menos tiempo metidos en los autos y más tiempo con las personas.

El poder del evangelio lo encontramos en las relaciones que tenemos unos con otros a medida que Cristo vive en cada uno de nosotros. Las personas hoy anhelan relaciones, no reuniones. No debemos confundir estas dos cosas. Necesitamos derrochar sobre otros la virtud de Cristo que crece en nosotros. Como Francis Schaeffer lo expresó con sabiduría: la comunidad cristiana es «la suprema apologética»[67]. En otras palabras, la aceptación de la verdad y del poder de Jesucristo queda en manos de la autenticidad de la comunidad que le representa en la tierra.

Me han preguntado en numerosas ocasiones que identifique el reto más difícil para implementar una auténtica comunidad en lugares llenos de individualismo, aislamiento y consumismo. Créanme, hay muchos obstáculos, pero la mayor barrera es innegable: *Somos nosotros mismos*. Es muy difícil edificar comunidades funcionales sobre los fundamentos agrietados de familias disfuncionales y estilos de vida disfuncionales. En pocas palabras, no puede tener una *iglesia conectada* sin *vidas conectadas*. Como pastor y líder de iglesia se habrá sentido sin duda alguna frustrado, como yo, al tratar de mover a su congregación hacia la clase de comunidad que se describe en Hechos 2. Escribí *The Connecting Church* para ayudar a los líderes de iglesia a diseñar una infraestructura que facilite la comunidad auténtica en la iglesia posmoderna. *Haga un espacio para la vida* se escribió para ustedes, las personas, para ayudarles a adoptar una visión para una vida conectada. Si es que queremos ser el pueblo de Dios que quiere que seamos, debemos hacer espacio para experimentarlo de verdad. Este libro ofrece mi aportación sobre cómo alcanzar esa visión para los miembros de su congregación y comunidad, y para usted.

Una buena forma de empezar a mover su congregación en esta dirección es animando a los miembros de los grupos pequeños a leer *Haga un espacio para la vida* y discutirlo en grupo. Cada capítulo contiene preguntas y comentarios para estimular la conversación. Esto debiera ayudar a los miembros de la iglesia a ver la necesidad y los beneficios, y esto haría su tarea más eficiente. Si ya lleva en el pastorado un cierto tiempo, ya sabe que una de las tareas más difíciles es conseguir que los miembros vean la necesidad y los beneficios de una cosa. Hacerlos que le sigan sin ser ellos conscientes de su necesidad es bien duro, puede ser como sacarles un diente.

No soy el único pastor que piensa en estas cosas. Un buen número de líderes de iglesia se está uniendo a este movimiento. Algunos llevan pensando en estos principios y practicándolos mucho más tiempo que yo. Además de ser uno de los que los practican, he tenido la gran bendición de ser uno de los secretarios o escribas que pone por escrito lo que muchos han empezado a experimentar en esta cosecha de vino nuevo en los odres nuevos de la comunidad. Si está interesado, nos agradaría mucho que se una a la conversación. Visite nuestro sitio Web en www.TheConnectingChurch.org para saber más de nosotros.

Howard Hendricks, mi amado profesor en el seminario, sugería que los pastores no debieran enfocar su ministerio en enseñar a los creyentes cómo hacer iglesia, sino en cómo hacer vida. Profesor Hendricks, le entrego esta tesis dieciséis años después de graduado como mi humilde intento de conocer y hacer lo que ha estado hablando durante tantos años. Aunque sería estupendo conseguir un sobresaliente, mi gran esperanza es que las personas que lo lean reciban la inspiración y el aliento de vivir de una manera más íntima la vida que Jesucristo tiene en mente para ellas cuando murió en la cruz: que muchos abandonen los estilos de vida caóticos y experimenten las delicias de las relaciones conectadas.

Notas

1. Sally Weale, «Do you often feel ill on holiday... but never when you're at work? If so, you could be a victim of "leisure sickness"», *The Guardian*, 26 de noviembre de 2002; lea el artículo en la Web en www.travel.guardian.co.uk/news/story/0,7445,847874,00.html.
2. Robert Putnam, *Bowling Alone*, Simon & Schuster, Nueva York, 2000.
3. Al escuchar en KRLD News Radio (1080AM) en Dallas / Fort Worth, Tejas, 2002.
4. Robert Putnam, «Surprising Facts», véase www.bowlingalone.com.
5. George Gallup, hijo, en Randy Frazee, *The Connecting Church*, Zondervan, Grand Rapids, 2001, p. 15.
6. Véase John L. Locke, *The De-Voicing of Society: Why We Don't Talk to Each Other Anymore*, Simon & Schuster, Nueva York, 1998, pp. 202-3.
7. Dr. Rich Sones, y Bill Sones, «Strange but True: Selling the "me" versus "we"», en inserto del «Star Time», *Fort Worth Star Telegram*, 9 de mayo de 2003, p. 69.
8. Véase John Allen, «Ubuntu: An African Challenge to Individuality and Consumerism», *Trinity News*, publicado el 24 abril de 2002; en la Web en www.trinity/wallstreet.org/news/article_62.shtml.
9. Citado en J.Y. Mokgoro, «Ubuntu and the Law in South Africa», artículo enviado en la primera conferencia *Constitution and Law* celebrada en Potchefsroom, 31 de octubre de 1997); disponible en la Web en www.puk.ac.za/lawper/1988-1/mokgoro-ubunty.html.
10. Dr. Paul J. Rosch, «Social Support: The Supreme Stress Stopper», *Health and Stress: The Newsletter of the American Institute of Stress*, publicación #10, 1997, p. 1.
11. *Ibíd.*, p. 2.
12. *Ibíd.*
13. *Ibíd.*, p. 4.
15. *Ibíd.*
16. *Ibíd.*, p. 5.
17. *Ibíd.*
18. *Ibíd.*, p. 1.
19. Dr. Paul J. Rosch, «The Health Benefits of Friendship», encontrado en el paquete de información de «Stress Reduction Effects of Social Support», American Institute of Stress, p. 11.
20. Randy Frazee, *The Connecting Church*, Zondervan, Grand Rapids, 2001.
21. Rosch, «The Health Benefits of Friendship», p. 10.

22. Will Miller con Glenn Sparks, *Refrigerator Rights*, Penguin Putnam, Nueva York, 2002.
23. John Shaughnessy, «Lack close friends? Refrigerator is clue, book says», *Courier-Journal*, Louisville, Kentucky, 2 de diciembre de 2002, en la Web en www.courier-journal.com/features/2002/12/2002friends.html.
24. Véase Shaughnessy, «Lack close friends?»
25. *The Andy Griffith Show* (1960-68) presenta al viudo Andy Taylor, que divide su tiempo entre criar a su joven hijo Opie y su tarea como jefe de policía (y Juez de Paz) en el pequeño pueblo de Mayberry, Carolina del Norte.
26. Dra. Jacqueline Olds, «The Healing Power of Friendship», *Bottom Line/Health* vol. 11, núm. 8, agosto de 1997, encontrado en el paquete de información de «Stress Reduction Effects of Social Support», American Institute of Stress.
27. «The Proximity Effects», *The Vineyard Magazine*, septiembre de 2002, p. 14; en la Web en www.cincyvineyard.com/pdf/magfall02.pdf.
28. *Ibíd.*
29. Archibald D. Hart, *The Anxiety Cure*, W. Publishing, Nashville, 1990, p. 100.
30. Peter Drucker, «The Next Society», *The Economist*, 1 de noviembre de 2001, p. 4.
31. *Ibíd.*
32. *The Legend of Bagger Vance*, escrita por Jeremy Leven, basada en la novela de Steven Pressfield, dirigida por Robert Redford, DreamWorks, 2000.
33. Hart, *The Anxiety Cure*, p. vi.
34. Dr. Paul J. Rosch, «Social Support and Type A. Behavior», en *Health and Stress: The Newsletter of the American Institute of Stress*, publicación #10, 1997, p. 6.
35. Hart, *The Anxiety Cure*, p. 193.
36. *Ibíd.*, p. 197-99.
37. *Ibíd.*, p. vi.
38. Francis Bacon, «Of Innovations», en *The Essays*, Vikings, Nueva York, 1986, p. 132.
39. Rick Hampson, «Are they relaxed yet? Jersey town to find out tonight—Harried citizens take a night off», *USA Today*, 26 de marzo de 2002, p. 1A.
40. Citado en Neal Kunde, «The Lost Art of Play», *GIGGLE Parents Guide*, 2002; en la Wed en www.gigglemagazine.com/g-lstply.htm.
41. Véase «Hockey Dad' gets 6 to 10 years for faltal beating»; en la Web en www.cnn.com/2002/LAW/01/25/hockey.death.verdict/.
42. Paul J. Rosch, «Stress and Children», *The Newsletter of the American Institute of Stress*, publicación #7, 1992, p. 2.
43. Valerie Latona, «Kid and Stress», *Healthy Kids*, febrero-marzo de 1998, p. 22.
44. Citado en Ellen Parlapiano, «Simplifying Your Child's Life», *Healthy Kids*, febrero-marzo de 1998, p. 24.
45. James Patterson, *Suzanne's Diary for Nicholas*, Warner, Nueva York, 2001, p. 20.
46. George Carlin, *Brain Droppings*, Hyperion, Nueva York, 1997, p. 36.
47. Nombrado en Eric Schlosser, *Fast Food Nation*, Perennial, Nueva York, 2002, p. 22.
48. Schlosser, *Fast Food Nation*, pp. 3-4, 7-8.
49. Margaret Visser, *The Rituals of Dinner*, Grove Weidenfeld, Nueva York, 1991, p. 266.
50. Deborah Taylor-Hough, *Frozen Assets*, Milwaukee, WI, Champion, 1998.

51. Rick Rodgers, *The Slow Cooker Ready and Waiting Cookbook: 160 Sumptuous Meals That Cook Themselves*, William Morrow, Nueva York, 1998.
52. Anne Chappell Cain, editora, Cook*ing Light 5 Ingredients 15 Minute Cookbook*, Oxmoor House, Birmingham, AL, 1998.
53. William Shakespeare, *Enrique VI*, segunda parte, primer acto, primera escena.
54. Alda Ellis, *A Table of Grace*, Harvest House, Eugene, OR, 2001, p. 15.
55. Citado en Visser, *The Rituals of Dinner*, p. 262.
56. Jacques Pépin, *Good Life Cooking: Light Classics from Today's Gourmet*, Bay Books, San Francisco, 1992, p. ix.
57. Visser, *The Rituals of Dinner*, p. 263.
58. «Rules and Orders of the Coffee House», en *A Grief Description of the Excellent Vertues of that Sober and wholesome Drink, called Coffee, and Its Incomparable Effects in Preventing or Curing Most Diseases incident to Humane Bodies*, Paul Greenwood, Londres, p. 1674.
59. Para más información sobre esta base material de estudio llamada «The Scrolls», visite el sitio www.pantego.org.
60. De una conferencia dada por Lyle Schaller en Leadership Network Conference en Ontario, California, octubre de 1998.
61. Véase Frazee, *The Connecting Church*, pp. 82-83.
62. Para más información o para solicitar el Christian Life Profile, visite el sitio www.pantego.org. o a www.zondervan.com.
63. Para más información sobre «The Scrolls», entre a www.pantego.org.
64. Véase Hart, *The Anxiety Cure*, p. 21.
65. Robert H. Frank, *Luxury Fever: Why Money Fails to Satisfy In an Era of Excess*, Free Press, Nueva York, 1999, p. 15.
66. Véase Rita Rubin, «Nigh shift not kind to melatonin», *USA Today*, 3 de junio de 2003; en el sitio Web www.usatoday.com/news/health/2003-06-03-night-usat_x.htm.
67. Francis Schaeffer, *The Mark of a Christian*, InterVarsity Press, Downers Grove, IL, 1970, pp. 14-15.